高等职业教育“十三五”规划教材

城市轨道交通车辆构造

主　编　杨晓林　蔡　磊
副主编　邢湘利

西南交通大学出版社
·成　都·

图书在版编目（CIP）数据

城市轨道交通车辆构造 / 杨晓林，蔡磊主编. —成都：西南交通大学出版社，2018.8（2022.6 重印）
高等职业教育“十三五”规划教材
ISBN 978-7-5643-6337-6

Ⅰ. ①城… Ⅱ. ①杨… ②蔡… Ⅲ. ①城市铁路－铁路车辆－车体结构－高等职业教育－教材 Ⅳ. ①U270.3

中国版本图书馆 CIP 数据核字（2018）第 189634 号

高等职业教育“十三五”规划教材
城市轨道交通车辆构造

主　编 / 杨晓林　蔡　磊
责任编辑 / 李　伟
封面设计 / 严春艳

西南交通大学出版社出版发行
（四川省成都市二环路北一段 111 号西南交通大学创新大厦 21 楼　610031）
发行部电话：028-87600564　028-87600533
网址：http://www.xnjdcbs.com
印刷：成都蓉军广告印务有限责任公司

成品尺寸　185 mm × 260 mm
印张　10.5　插页：2　字数　246 千
版次　2018 年 8 月第 1 版　印次　2022 年 6 月第 3 次

书号　ISBN 978-7-5643-6337-6
定价　32.00 元

课件咨询电话：028-87600533

前　言

“城市轨道交通车辆构造”是城市轨道交通车辆技术专业的一门前导专业课，其后续课程包括“城市轨道交通车辆检修”和“城市轨道交通车辆制动装置”等。

本课程包括城市轨道交通车辆基础知识、车体、车门、转向架、车钩、供风与制动系统六部分内容。

城市轨道交通车辆构造相关知识的学习分为 4 个层次：① 车辆组成部件的名称、作用；② 车辆组成部件的安装位置与相对运动关系；③ 车辆系统的工作原理；④ 车辆部件的维护与检修。本教材解决的是前面 3 个层次的问题。本教材适用对象为高职院校城市轨道交通车辆技术专业学生与订单班学生，同时也适用于城市轨道交通运营企业的新员工。

本教材的特点是以一种主流车型为技术架构，介绍城市轨道交通车辆六大系统的结构原理，避免了多车型、多技术架构给学生学习带来的干扰，在内容组织上力求简练，突出共性。

针对当前高职学生的学习情况，教材在编排上采用模块化、项目化结构，每个学习项目提出了明确的知识点，有助于学生把握学习的目标；在知识点的展开上层次分明，符合学生学习的认知规律，简化文字，突出图片，以一种学生喜欢的方式帮助学生对知识的理解；在每个学习项目后安排有测试题，测试内容紧扣学习目标，广度恰当，难度适中，学生通过测试环节能直观地了解自己对知识的掌握情况，同时测试题也是本项目重点知识的概况，这些知识是今后学生进入企业培训环节的重要基础。

本教材共有 6 个模块的内容，另外有 2 个附录。本教材由杨晓林、蔡磊任主编，邢湘利任副主编。杨晓林负责全书的统稿。

在教材编写过程中，编者得到了广州地铁、深圳地铁、上海地铁、南京地铁、长沙地铁、成都地铁、无锡地铁、宁波地铁、南昌地铁、南京康尼机电股份有限公司的大力支持，在此一并表示感谢。

受编者水平的限制，教材中的一些专业知识的描述可能不严谨，恳请同行专家不吝赐教。

编 者

2018 年 5 月

目　录

模块一　地铁车辆总体

项目一　城市轨道交通概述

知识点提示

（1）城市轨道交通的类型。

（2）地铁的概念。

（3）地铁的主要特征。

现代城市客运交通的主要任务是为城市居民提供高效、优质的客运服务。城市客运交通包括公共交通和非公共交通两大部分。城市公共交通是城市客运交通的主体，非公共交通是城市客运交通的一种辅助方式。现代大城市形成以轨道交通为主，各种交通工具协调发展的格局，逐步形成多层次、立体化的综合交通体系，该交通体系是解决大城市交通问题的唯一途径。

城市轨道交通（urban rail transit system 或 transit system）简称城轨交通，其类型包括地铁、轻轨、独轨、低速磁悬浮及城际铁路等。

一、地　铁

“地铁”是“地下铁道交通”的简称，它是一种在城市中修建的快速、大运量的轨道交通系统，通常以电力牵引，其单向高峰的小时客运能力可达 30 000 人次及以上（见图 1-1-1、图 1-1-2）。它的线路通常设在地下隧道内，也有的在城市中心以外地区从地下转到地面或高架桥上。

地铁具有以下特征：

（1）全部或大部分线路建于地下。

（2）建设费用大、周期长、成本回收慢。

（3）行车密度大、速度快。

（4）客运量大。

（5）地铁列车的编组灵活，一般为 2 ~ 8 辆，编组取决于客运量和站台长度。

（6）地铁车辆消音减振和防火均有严格要求，安全舒适。

（7）供电电压有直流 750 V 或直流 1 500 V，受流方式有第三轨和架空接触网两种形式。

图 1-1-1　上海地铁

图 1-1-2　深圳地铁

二、轻轨交通

城市轻轨交通是在有轨电车的基础上发展起来的。轻轨交通是一种集多专业先进技术于一体的系统工程，在信号自动控制和集中调度配合下，能快速而安全地完成中等运量旅客运输任务的轨道交通系统（见图 1-1-3、图 1-1-4）。

图 1-1-3　武汉轻轨

图 1-1-4　大连轻轨

城市轻轨交通具有以下特征：

（1）它是以钢轮和钢轨为车辆提供走行的一种交通方式，车辆以电力提供牵引动力，可以采用直流、交流或线性电机驱动。

（2）轻轨的建设费用要比地铁少得多，通常每千米线路造价仅为地铁的 1/2 ~ 1/5。

（3）轻轨交通的每小时单向运输能力一般为 2 万 ~ 4 万人次，它介于地铁和公共汽车（每小时 4 000 ~ 8 000 人次）之间，属于中等运能的一种公共交通形式。

（4）轻轨线路可以为地面、地下和高架混合型，一般与地面道路完全隔离，采用半封闭或全封闭专用车道。

（5）轻轨车辆有单节 4 轴车、双节单铰 6 轴车和 3 节双铰 8 轴车等。

（6）轻轨交通对车辆和线路的消音和减振有较高的要求。

（7）电压制式以直流 750 V 架空线（或第三轨）供电为主，也有部分采用直流 1 500 V 和直流 600 V 供电。

（8）轻轨车站分为地面、高架和地下三种形式，要根据线路位置、地形条件、行车组织要求和乘客流量来决定车站的形式和规模。

三、城市独轨交通

独轨铁路通常采用高架轨道结构，适宜于公园、博览会、游乐场等作为游览、观光及兼顾短途城市交通之用。独轨交通按结构形式分为跨座式和悬挂式两种类型（见图 1-1-5、图 1-1-6）。前者车辆的走行装置（转向架）跨骑在走行轨道上，其车体重心处于走行轨道的上方；后者车体悬挂于可在轨道梁上行走的走行装置的下面，其重心处于走行轨道梁的下方。

图 1-1-5　美国独轨车辆（跨座式）

图 1-1-6　日本独轨车辆（悬挂式）

1. 城市独轨铁路的优点

（1）独轨铁路线路占地小，线路支柱占地宽度仅 1 ~ 1.5 m，因此可充分利用城市空间，适宜于在大城市的繁华中心区建线，对城市的景观及日照影响极小。

（2）独轨线路构造较简单，建设费用较低，仅为地铁的 1/3 左右。

（3）能够实现大坡度（60‰）和小曲线半径（50 m）运行，可绕行城市的建筑物。

（4）为降低线路和站台的建设费用，一般采用轻型车辆，列车编组为 4 ~ 6 辆。

（5）独轨铁路车辆的走行装置采用空气弹簧和橡胶轮结构，并采用电力驱动，故运行噪声低、无废气、乘坐舒适。

（6）独轨铁路架于空中，视野开阔，具有交通和旅游观光的双重作用。

（7）跨座式独轨铁路轨道梁采用预应力混凝土梁制成，悬挂式独轨铁路的轨道梁一般为箱形断面的钢结构。

2. 城市独轨铁路的缺点

（1）能耗大。由于其走行装置采用的是橡胶轮，它与混凝土轨面的滚动摩擦阻力比钢轮钢轨大，故其能耗比一般轨道交通约大40%，且有轻度的橡胶粉尘污染。

（2）运能较小，一般每小时单向最大客运量为10 000～20 000人次。

（3）独轨线路不能与常规的地铁、轻轨等接轨。

（4）道岔结构复杂、笨重、转换时间较长，从而延长了列车的折返时间。

（5）若列车运行至区间时发生事故，疏散和救援工作比较困难。

四、地铁、轻轨、独轨及常规公交系统比较

地铁、轻轨、独轨及常规公交系统比较见表1-1-1。

表1-1-1　地铁、轻轨、独轨及常规公交系统比较

公共交通形式	线路特征	车辆数量/辆	单向运能/（万人次/h）	平均速度/（km/h）
地铁	地下隧道为主，部分高架或地面	2～8	3～8	35～40
轻轨	高架或路堤为主，部分地下	1～4	2～4	50
独轨	全部高架	4～6	1～2	15
城市公交	城市道路	1	0.6～0.8	15

项目测试题

1. 城市轨道交通的类型包括（　　　　）、（　　　　）、（　　　　）、（　　　　）和（　　　　）几种类型。
2. 什么是地铁？

3. 地铁有哪些特征？

项目二　地铁车辆基础知识

知识点提示

（1）地铁车辆的类型。
（2）地铁车辆的系统组成。
（3）车辆技术参数。
（4）列车编组形式。
（5）车辆编号。
（6）车辆方位。

一、地铁车辆的类型

（1）按车体宽度不同，地铁车辆划分为A型车、B型车、C型车。

A型车：车辆基本长度22 m；车辆基本宽度3 m。

B型车：车辆基本长度19 m；车辆基本宽度2.8 m。

C型车：车辆基本长度18.9 m；车辆基本宽度2.6 m。

（2）按动力配置不同，地铁车辆划分为动车（M）和拖车（T）。

动车：转向架上安装有牵引电机和传动齿轮箱。

拖车：转向架上没有安装牵引电机和传动齿轮箱。

（3）同一编组中按车载设备不同，地铁车辆划分为A类车、B类车、C类车。

A类车（简称A车）：为拖车，一端设有驾驶室。

B类车（简称B车）：为动车，车顶上装有受电弓。

C类车（简称C车）：为动车，车下装有一套空气压缩机组。

二、地铁车辆的组成及作用

地铁车辆主要由车体、司机室、客室车门、转向架、车钩及缓冲装置、空调系统、制动系统、主电路系统、辅助系统、牵引制动控制系统、列车通信控制系统、乘客信息系统、照明系统等部分组成。

1. 车　体

车体是车辆的主体结构，是容纳乘客的地方，又是安装与连接其他设备和部件的基础。地铁车辆的车体采用整体承载的铝合金模块化结构，模块间采用螺栓紧固连接。每个客室设有 4 ~ 5 对对开式电动塞拉门供乘客出入，车窗采用全封闭式中空玻璃，车内还安装有座椅、扶手、乘客信息系统等各种乘客服务设施，以及紧急开门装置、紧急对讲装置、灭火器等安全设施。车体结构见图 1-2-1。

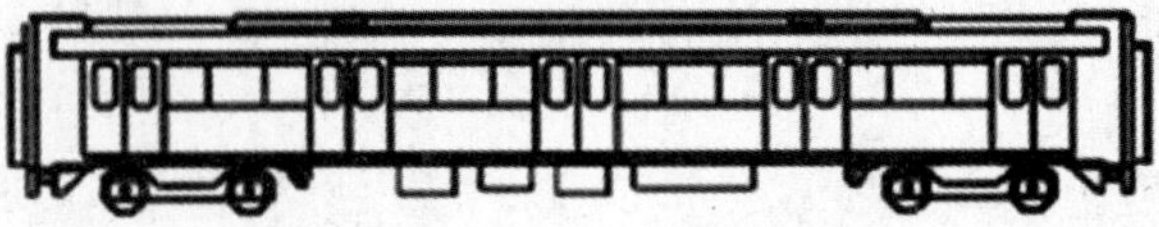

图 1-2-1　车体

2. 司机室

司机室是供司机驾驶的地方，安装在 A 车前端，为模块化结构，主要由车钩托梁、前端结构、顶部结构和侧墙结构等组成，外罩玻璃钢罩板（见图 1-2-2）。司机室前端设有防爬装置，紧急疏散门、侧墙设有供司机上下的侧门，后墙设有通向客室的间隔门，司机室前窗为电热式车窗，可通电加热。当列车发生撞车时，防爬装置能分散碰撞力，减少车体损失。此外，司机室内还有许多电气设备，包括电线槽内部配件等，这些设备要在总装配之前安装完成并进行测试。

图 1-2-2　司机室

司机室内包括以下设备（见图 1-2-3）：

（1）主司机台；

（2）紧急逃生门盖板；

（3）副司机台；

（4）司机室侧门扶手；

（5）司机室前挡玻璃遮阳帘；

（6）司机控制面板照明；

（7）司机控制面板；

（8）主控器；

（9）司机座椅。

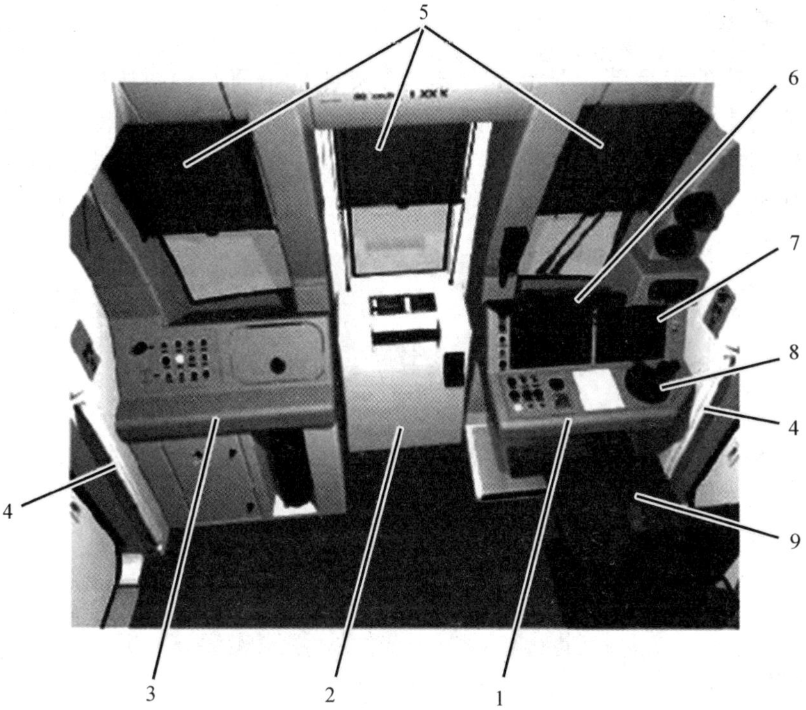

图 1-2-3　司机室内设备

1—主司机台；2—紧急逃生门盖板；3—副司机台；4—司机室侧门扶手；
5—司机室前挡玻璃遮阳帘；6—司机控制面板照明；
7—司机控制面板；8—主控器；9—司机座椅

3. 客室侧门

客室侧门是供乘客上下车的通道，是动作最频繁的设备之一。地铁车辆客室侧门采用对开式电动塞拉门，每辆车有 8 ~ 10 个客室车门，左右对称布置，具有自动开关门功能，每个车门的动作由一个门控单元控制（见图 1-2-4）。

图 1-2-4　客室侧门

4. 转向架

转向架是车辆的走行部，是支撑车体、引导车辆沿着轨道行驶的装置。

转向架分动车转向架和拖车转向架。转向架由构架、一系悬挂装置、二系悬挂装置、轮对轴箱装置、踏面制动单元、减振装置、牵引传动装置和安全定位装置组成，如图 1-2-5 所示。转向架的主要作用是：确保车辆运行安全，满足乘客的舒适性要求。

图 1-2-5 转向架

5. 车钩缓冲装置

车钩缓冲装置（见图 1-2-6）的作用是连接相邻车辆，传递纵向力，缓和与吸收车辆运行中的纵向振动。地铁车辆采用密接式车钩。车钩类型包括全自动车钩、半自动车钩和半永久牵引杆 3 种。

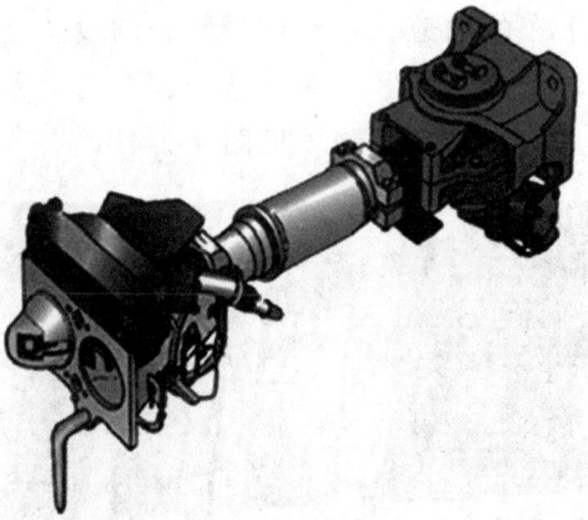

图 1-2-6 车钩缓冲装置

6. 制动系统

制动系统的作用是使车辆减速、阻止其加速并使静止的列车保持静止。制动系统是确保列车运行安全的重要系统。地铁车辆制动系统由电制动和空气制动两部分组成，根据需要分别对列车施加电气制动、空气制动或电空混合制动。

7. 空调系统

空调系统的作用是调节车厢内空气的温度、湿度、洁净度和气流速度，满足乘客舒适性要求。地铁车辆的每节车均配有两台独立的单元式空调机组（见图 1-2-7），每节车的两台空调机组由一个控制柜控制运行。

图 1-2-7　空调机组

正常情况下，空调系统提供给每节车的总制冷量为 80 kW/h，总风量为 10 000 m^3/h；紧急通风情况下的通风量为 4 000 m^3/h，全部为新风。

8. 主电路系统

主电路系统的作用是向牵引电机供电，满足列车牵引和制动（电制动）的要求，同时列车其他各系统的电源也由主电路系统提供。

9. 辅助系统

辅助系统是将 DC 1 500 V 高压电通过辅助逆变器（ACM）内部转化处理，向列车提供 AC 380 V 交流电和 DC 110 V 直流电，供车载设备及控制系统使用。

10. 列车牵引制动控制系统

列车牵引制动控制系统是为实现列车牵引和制动控制相关功能而设计的电路系统，它采用的主要部件为继电器、行程开关、按钮开关、旋钮开关以及连接用的导线等。在该系统中，继电器是实现各项逻辑功能的主要部件，通过确定继电器线圈得电吸合的条件以及其触头开关所关联的功能电路，则可以实现一定的电路逻辑功能，达到列车整体性牵引、制动控制的条件，并将该信息输入列车通信控制系统，通过其内部的控制程序运算，最终来实现对列车的有效控制。

11. 列车通信控制系统

列车通信控制系统（TCC）是将列车的各个子系统及相关外部控制电路的信息进行读取、编码、通信传递、数据逻辑运算及输出控制的一个计算机网络系统。该系统对列车的供电状况、速度、列车运行模式等状态信息进行实时监控和识别，并根据读取到的列车驾驶人员发出的指令信息，对列车上各个子系统发出相关控制指令，进而使各子系统产生相应的调整控制，以符合设定的功能要求，实现对列车的有效控制。

12. 乘客信息系统

乘客信息系统的作用是向乘客提供列车运行信息、安全信息和其他公共信息等。乘客信息系统由列车有线广播系统和乘客信息显示系统两部分组成。其中，乘客信息显示系统又由列车综合图文显示系统（每辆车有 4 台，安装在客室车窗上方）和车站地图闪光系统（每辆车 10 台，安装在客室车门上方）组成。车站地图闪光系统显示器能够实时向乘客显示列车运行的线路、运行的方向、目的地站以及将要到达的下一站、当前停靠站、车门打开侧等信息。

13. 照明系统

由于地铁车辆主要在隧道内运行，所以车辆的照明非常重要，这不仅是列车安全运行的需要，也是乘客乘坐地铁的需要。

列车照明系统分为车辆外部照明和车辆内部照明。车辆外部照明包括（远、近）前照灯、尾灯和运行灯，车辆内部照明包括司机室照明和客室照明。

三、地铁车辆主要技术参数

1. 列车载荷及客容量（见表 1-2-1）

表 1-2-1　列车载荷及客容量

列车载荷（缩写）	定　义	每车乘客数/人	列车乘客数/人
AW_0	无乘客（空载）	0	0
AW_1	坐客载荷	45	270
AW_2	定员载荷（6 人/m^2）	320	1 920
AW_3	超员载荷（9 人/m^2）	417	2 502

2. 车辆质量（见表 1-2-2）

表 1-2-2　车辆质量

列车载荷	乘客载荷/t			车辆质量/t			列车质量/t
	A	B	C	A	B	C	
空载 AW_0	0	0	0	35.8	38.9	39	227.4
坐客载荷 AW_1	2.7	2.7	2.7	38.5	41.6	41.7	243.6
定员载荷 AW_2	19.20	19.20	19.20	55.0	58.1	58.2	342.6
超员载荷 AW_3	25.02	25.02	25.02	60.82	63.92	64.02	377.5

注：乘客每人质量按 60 kg 计算。

3. 线路特性

标准轨距：	1 435 mm ± 2 mm
站台与直线轨道中心的距离：	1 600 mm
站台高度：	1 080 mm
轨道最大超高：	120 mm
钢轨类型：	60 kg（正线）

4. 供电参数

供电方式：	架空接触网
供电额定电压：	DC 1 500 V
受电弓电压变化范围：	DC 1 000 V，1 800 V
电气牵引及辅助设备从电源断开电压：	DC 1 980 V

5. 车辆主要尺寸

车辆长度（车钩连接面之间）	
A 车：	24.4 m
B、C 车：	22.8 m
列车长度：	140 m
车辆宽度（鼓形处)：	3 090 mm
车辆高度：	3 800 mm
车辆最高点（含排气口)：	3 855 mm
受电弓工作范围：	175 ~ 1 600 mm
受电弓最大升起高度：	1 700 mm
轨道至地板面高度（AW_0)：	1 130 mm
转向架中心距：	15.7 m
转向架固定轴距：	2 500 mm
车钩中心线距轨面距离：	720 mm

6. 车辆动力性能

（1）牵引性能。

在额定载荷（AW_2）和半磨耗轮（805 mm）的情况下，列车在额定电压下，在符合规定条件的线路上的牵引特性如下：

① 加速度。

车速由 0 加速到 36 km/h 平均加速度：	1.0 m/s^2
车速由 0 加速到 60 km/h 平均加速度：	≥0.6 m/s^2
车速由 0 加速到 80 km/h 平均加速度：	≥0.4 m/s^2
冲击极限：	0.75 m/s^2

② 最高运行速度：　80 km/h

设计/结构速度：　90 km/h

车钩连接速度：　0.6 ~ 5 km/h

反向牵引（倒退）最大速度：　10 km/h

在车辆段的最大速度：　25 km/h

③ 动力撤除时间。

即主控制器从牵引位置移到惰行位置，直到电机电流降为零的时间（包括冲击极限）。

0 ~ 40 km/h：　≤1.5 s

40 ~ 80 km/h：　≤1.05 s

（2）制动性能。

常用制动冲击率：　$0.75\ m/s^3$

电制动消失点：　7 ~ 12 km/h 且可调

从 80 km/h 到 0 速度，包括响应时间的常用制动平均减速度 $a = 1.0\ m/s^2$；从 80 km/h 到 0 速度，不包括响应时间的常用制动平均减速度 $a = 1.1\ m/s^2$。

① 紧急制动距离：

AW_0 ~ AW_2 载荷，初速度为 80 km/h，制动距离≤190 m；

AW_3 载荷，初速度为 80 km/h，制动距离≤215 m。

以上制动距离是在平直的、干燥的轨道上进行（要求测试过程中防滑阀没有触发），制动距离的测量从紧急制动指令信号输入开始到停车结束（包括响应时间），列车自动驾驶（ATO）运营模式下，车辆在站台的停车精度为 ± 0.25 m。

② 制动优先级别。

第一优先为再生制动，第二优先为电阻制动，第三优先为空气制动。

③ 混合制动的控制原则。

电制动和空气制动的混合制动是平滑的，并满足正常运行的冲击极限。空气制动用来补偿电制动力的不足，当载荷为 AW_0 到 AW_2，电网电压高于直流 1 500 V 时，列车仅采用电制动。当载荷从 AW_2 到 AW_3，且电网电压高于直流 1 500 V 时，附加空气制动，空气制动力大小取决于各车的载荷。当载荷从 AW_0 到 AW_3，电网电压为 1 000 ~ 1 500 V 时，需要附加空气制动。按照电压降低的大小幅值，所有列车上的空气制动力可以连续地进行补充，因此列车减速度将不受电网电压高低的影响。

④ 制动力的分配。

假如每节车的制动力由自身提供，则需 300%的制动力，此制动原则适合由 A、B 和 C 车组成的半列车。在此情况下，每节车的 EBCU（电制动控制单元）根据每节车的质量（动车与拖车之间的差异）负责本车 100%的制动力。

由于每三节车有两个 DCU（牵引控制单元），总共需提供 300%的制动力。根据以上定义，每个 DCU 需通过牵引回路为常用制动提供 150%的制动力。

为使轮轨之间的摩擦力达到最大值，同时使机械制动的响应时间降到最小，制动闸瓦可向轮对踏面施加一个接近零的制动力（制动缸压力为 30 ~ 50 Pa）。

7. 列车故障时对牵引系统的要求

当一节动车不能工作时，在定员载荷（AW_2）下，列车可往返一个全旅程。

当两节动车不能工作时，在超员载荷（AW_3）下，列车可在 35‰的坡道上起动，并使列车前进到最近车站，乘客下车后，列车空车返回车辆段。

当一列载荷为 AW_3 的列车，因故障停在 35‰的坡道上，另一列空车能够从坡底将故障车顶推到下一站。

8. 空调与通风

每辆车的总风量不小于 10 000 m^3/h。在正常情况下，新鲜空气总量不少于 3 200 m^3/h，人均新鲜空气不少于 10 m^3/h。应急通风的风量为 4 000 m^3/h，全部为新鲜空气，并可维持 45 min。

9. 照明强度要求

在车内离地板面高 800 mm 处测得的照明强度：　　　　300 lx

10. 机械设计准则

车辆设计使用寿命为 30 年，按每年运行距离为 125 000 km 计。

四、列车编组

地铁列车中，动车和拖车通过半永久牵引杆连接而成的一个相对固定的编组称为一个（动力）单元，列车可以由一个或几个单元编组而成。

我国地铁列车编组形式为六辆编组和四辆编组两种形式（均为两单元）。六辆编组的主要有三动三拖和四动二拖两种形式，四辆编组主要有二动二拖一种形式。

例如：深圳地铁车辆是两个单元组合在一起构成六辆车的列车编组，每个单元分别由 A、B、C 车组成，构成独立的动力单元，自成体系，但司机可在任一端 A 车上控制六节车同步运行。

编组形式：—A * B * C = C * B * A—

式中，符号—代表自动车钩；符号 = 代表半自动车钩；符号*代表半永久牵引杆。

其中，A 车是带司机室的拖车，B 车和 C 车是带驱动电机的动车（B 车带受电弓）。B 车通过半永久牵引杆与 A 车和 C 车连接，C 车之间通过半自动车钩连接。每列车的两端都装有全自动车钩，能够实现机械、电气、气路的整体连接。

五、车辆编号

城轨车辆都有属于自己的固定编号，以便识别其身份，方便运营、维修过程对车辆的管理，但各城轨车辆制造商或运营商的编号方式不一样。

地铁车辆采用四位数字编号，车辆编号包含线路序号、车组号、车辆在车组中的位置3种含义，参见表1-2-3。

表1-2-3 地铁车辆编号定义

定 义	数 字	编 号
线路序号	（1, …, 9）	[1]
车组号	（01, …, 99）	[01, …, 22]
车辆在车组中的位置	（1, …, 9）	[1, …, 6]

车辆编号说明见表1-2-4。

表1-2-4 车辆编号举例

车型	第1列车	第2列车	第3列车
A	1011	1021	1031
B	1012	1022	1032
C	1013	1023	1033
C	1014	1024	1034
B	1015	1025	1035
A	1016	1026	1036

六、车辆方位与列车方位

车辆方位是车载设备标识的基础，包括车辆端部和车辆左、右侧两项规定，车辆方位确定后是不会改变的。列车方位与列车运行方向相关，具体规定如下：

1. 车辆端部

每辆车的1位端按如下定义（另一端则被定义为2位端）：

A车：1位端是带有全自动车钩的一端。

B车：1位端是与A车连接的一端。

C车：1位端是连接半永久牵引杆的一端。

2. 车辆左、右侧

当观察者立于车辆2位端，面向车辆的1位端时，观察者的右侧定义为车辆的右侧，另一侧则定义为车辆的左侧。

3. 列车左、右侧

面向驾驶方向，司机的右侧定义为列车的右侧，另一侧则定义为列车的左侧（见图1-2-8）。

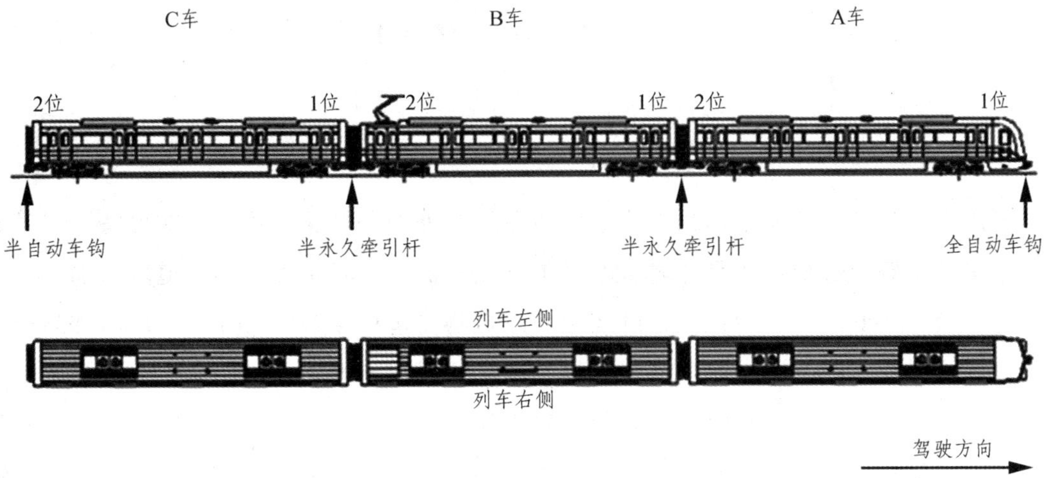

图 1-2-8　车辆方位与列车方位

以上给出的“左”和“右”的标识方法，应注意车辆的左、右侧的定义与列车的左、右侧的定义是不同的。

七、地铁车辆限界

限界是限定运行车辆及轨道周围构筑物超越的轮廓线。

限界分车辆限界、设备限界和建筑限界三种。规定限界的目的，主要是防止车辆在直线或曲线上运行时与各种建筑物及设备发生接触，以保证车辆安全通行。

1. 地铁车辆限界

地铁车辆限界是基准坐标系中的一个轮廓线，是车辆在正常运行状态下形成的最大动态包络线。车辆及轨道线路各尺寸在具有最不利公差及磨耗时（包括两次维修期间所发生的尺寸偏差）、车辆在运动中处于最不利位置、涉及由各要素引起的车辆各部位的统计最大偏移后均应容纳在轮廓内。《地铁设计规范》规定了钢轨钢轮、标准轨距系列的地铁限界，包括车辆限界。直线地段车辆限界分为隧道内车辆限界和高架或地面线车辆限界，后者应在前者的基础上，另加当地最大风荷载引起的横向和竖向偏移量。受电弓或受流器限界是车辆限界的组成部分。

2. 地铁设备限界

地铁设备限界是基准坐标系中位于车辆限界外的一个轮廓线，是用以限制设备安装的控制线。除另有规定外，建筑物及地面固定设备的任一部分，即使涉及了它们的刚性和柔性运动在内，均不得向内侵入此限界，接触轨限界属于设备限界的辅助限界。

设备限界和车辆限界之间留有一定的间隙，这个间隙主要作为未涉及因素的安全余量，按照限界制定时的规定，某些偏移量计入此间隙。计算车辆水平曲线上和竖曲线上的曲线偏移也计入这个间隙内，因此，设备限界在水平曲线上需要加宽，在竖曲线上需要加高。

3. 地铁建筑限界

地铁建筑限界是基准坐标系中位于设备限界以外的一个轮廓线，是在设备限界基础上，考虑了设备和管线安装尺寸之后的最小有效断面。它规定了地下铁道隧道的形状、尺寸、位置，地下车站及站台位置以及地面建筑物（包括接触网支柱、声屏障和站台屏蔽门等）的位置，涉及施工误差、测量误差及结构永久变形在内，任何永久性建筑物均不得向内侵入此限界。建筑限界和设备限界之间的空间应能安装各种电缆线、消防水管及消防栓、动力箱、信号箱及信号灯、照明灯、扩音器、通风管、架空线及其固定设备。地铁建筑限界应理解为建筑物的最小尺寸，比地铁建筑限界大的隧道、高架桥等建筑应认为是符合地铁建筑限界的。

项目测试题

1. 地铁车辆的类型是如何划分的？
2. 地铁车辆由哪些系统组成？
3. 按乘客数量不同，列车载荷划分为（　　　　　　）、（　　　　　　）、（　　　　　　）、（　　　　　　）四个等级。
4. 地铁线路的标准轨距是（　　　　　　）mm。
5. 地铁列车采用（　　　　　　）供电，额定供电电压为（　　　　　　），受电弓电压变化范围是（　　　　　　），电气牵引及辅助设备从电源断开的电压是（　　　　　　）。
6. 车辆最高运行速度是（　　　　），车辆结构速度是（　　　　），车钩连接速度是（　　　　），车辆反向牵引（倒退）最大速度是（　　　　），车辆在车辆段的最大速度是（　　　　）。
7. 列车在 $AW_0 \sim AW_2$ 载荷下，初速度为 80 km/h，紧急制动距离为（　　　　），AW_3 载荷下，初速度为 80 km/h，制动距离为（　　　　）。

8. 地铁列车编组形式常用（　　　　　　　　）和（　　　　　　　　）两种形式。

9. 地铁车辆都有属于自己的固定编号，以便（　　　　　　）其身份，（　　　　　　）运营以及维修过程对车辆的（　　　　　　　　　）。

10. 地铁车辆采用四位数字编号，第 1 位数代表（　　　　　　　　　　），第 2、3 位数代表（　　　　　　　　　　），第 4 位数代表（　　　　　　　　　　）。

11. 车辆方位包括（　　　　　　　　　　）和车辆（　　　　　　　　　）两项规定。

12. 列车方位仅有（　　　　　　　　　　　　）一项规定。

项目三　车辆设备及标识

知识点提示

（1）车辆设备的组成。

（2）车辆设备的标识方法。

一、车辆设备

车辆设备包括车顶设备、车载设备和车下设备三大类。

（一）车顶设备

1. 受电弓及浪涌吸收器

每个列车单元的 B 车车顶前端装有一个高压受流设备（受电弓）。1 500 V 直流电源经受电弓流向位于车底的高速断路器。C 车上的辅助逆变器 DC/AC 及 A 车上的 DC/DC 变换器直接从受电弓上得电，电流回路通过轴箱上的接地炭刷闭合。每个受电弓旁装有一个浪涌吸收器，用来防止来自车辆外部的过电压（如雷击等）对车辆电气设备绝缘的破坏。受电弓通过压缩空气升起，由电磁阀控制。如果空压机故障，列车无压缩空气，B 车车顶的受电弓通过弹簧自动降弓，在这种情况下，可用安装在 B 车 2 位端的脚踏泵升弓。

2. 空调单元

每辆车车顶安装两台单元式空调机组。在通风机作用下，新风从吸风口吸入，与来自客室的回风混合，再经过过滤，冷却后由风道均匀地送入客室，司机室由单独的风道送风。

（二）车下设备

1. 车下设备的平面布置

车下设备主要有设备箱、辅助设备箱、电子设备箱、蓄电池充电器、蓄电池箱、牵引 PH 箱、牵引 PA 箱、制动电阻、供风单元、辅助线路感应器（ACM）、牵引线路感应器（MCM）、紧急逆变器、转向架、车钩缓冲装置、制动控制模块、供风模块等（见图 1-3-1）。

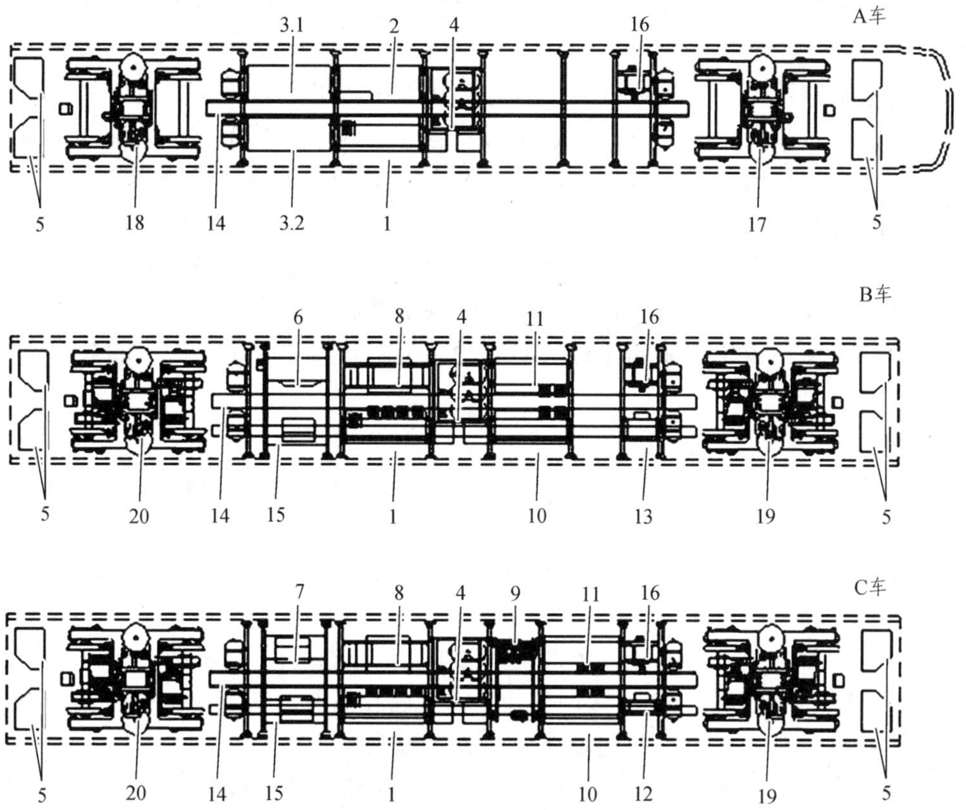

图 1-3-1　车下设备的平面布置

1—辅助设备箱；2—蓄电池充电器箱；3.1—蓄电池箱 1；3.2—蓄电池箱 2；4—制动控制模块；5—车钩连接箱；6—牵引 PH 箱；7—牵引 PA 箱；8—制动电阻；9—供风单元；10—电子设备箱；11—设备箱；12—辅助线路感应器；13—牵引线路感应器；14—低压线槽；15—高压线槽；16—紧急逆变器 HVAC；17—1 位端拖车转向架；18—2 位拖车转向架；19—1 位端动车转向架；20—2 位端动车转向架

2. 车下主要设备或部件的功能简述

（1）线路滤波器：由电容和电感组成的能量储放装置，可以在斩波器导通和关断时吸收和释放能量，使电机电流平滑，并减少车辆在牵引和电制动时对接触网电压的不良影响。

（2）牵引逆变器：庞巴迪车辆的牵引逆变器设计为电压源连接逆变器，采用 IGBT 元件。通过它的电源回路，逆变器驱动 4 个并联的三相交流牵引电机。它还能执行电阻制动或再生制动。

在运行工况：牵引逆变器将接触网得到的直流电源转换为三相变频变压电源，驱动牵引电机。

在制动工况：牵引逆变器将此时由电机产生的三相电源转换为直流电源，产生的电源反馈到接触网供给其他负载或供给其他车上耗电设备（如辅助设备、空调、照明）。

（3）制动电阻：在电阻制动时，制动电阻吸收未被消耗掉的电能，转换为热能散逸到大气中去。

（4）高速断路器：是对过电流（如短路、接地）的迅速高效保护装置。此断路器设计为一旦检测到过流即迅速反应，通过电弧发生时间内一定瞬间过电压将电弧抑制掉。每单元车有两台高速断路器，装在 B 车上分别与本组的 B 车和 C 车连接。

（5）车间电源：不从接触网及受电弓上受流供电，而是用车间的电源设备接入 1 500 V 直流电源进入车辆的车间电源上。每单元车组的车间电源设在 B 车上。

（6）牵引单元：牵引系统包括牵引电机、联轴节和齿轮箱。三相牵引电机的转矩通过曲形联轴节传递给齿轮箱驱动轮对。动车的每根轴均由一个牵引电机驱动。牵引电机额定功率是 220 kW。

（7）DC/AC 逆变器：每节 C 车都有一台 DC/AC 逆变器，由接触网 1 500 V 直流输入驱动逆变器。只有一条 1 500 V 列车线为辅助系统专用，用二极管与外电路隔开。

每台逆变器有一组 380 V、三相、50 Hz 输出。逆变器应直接或间接驱动以下交流负载：空气压缩机、空调压缩机、冷凝器风扇、蒸发器、设备通风机、方便插座（220 V 交流）、挡风玻璃除霜器等。

（8）DC/DC 变换器：静态辅助电源变换器（完全静态结构），每台 A 车有一台 DC/DC 固态变换器：DC 1 500 V/DC 110 V 以直流 110 V 输出，驱动所有 110 V 直流负载，如照明、牵引控制单元等，包括对蓄电池充电，为其提供冗余量。

（9）列车自动控制系统（ATC）天线：用于传播信息的车载信号设备。

二、设备标识

1. 转向架和轴

每辆车的转向架分为转向架 1 和转向架 2。转向架 1 在车辆的 1 位端，转向架 2 在车辆的 2 位端。每辆车的 4 个轴是从最前面 1 位端轴 1 开始，连续编号到 2 位端的轴 4，如图 1-3-2 所示。

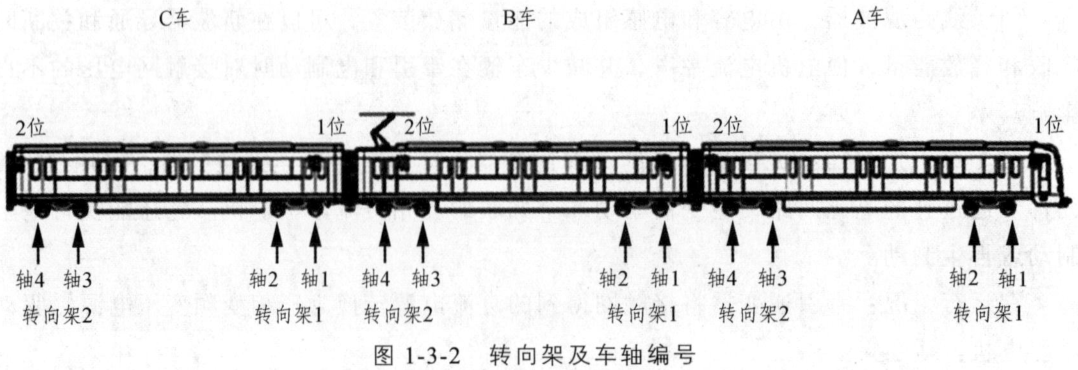

图 1-3-2 转向架及车轴编号

2. 车　门

车门是根据其两个门页的编号进行标识：沿着每辆车的左侧，门页用从 1 到 19 之间的奇数进行连续编号。车门的编号由两个单独门页的号码合并而成，如车门编号 1/3。沿着每辆车的右侧，门页用从 2 到 20 之间的偶数进行连续编号。车门的编号由两个单独门页的号码合并而成，如车门编号 14/16。左侧编号为 1/3 的车门和右侧编号为 2/4 的车门是距离车辆 1 位端最近的车门，如图 1-3-3 所示。

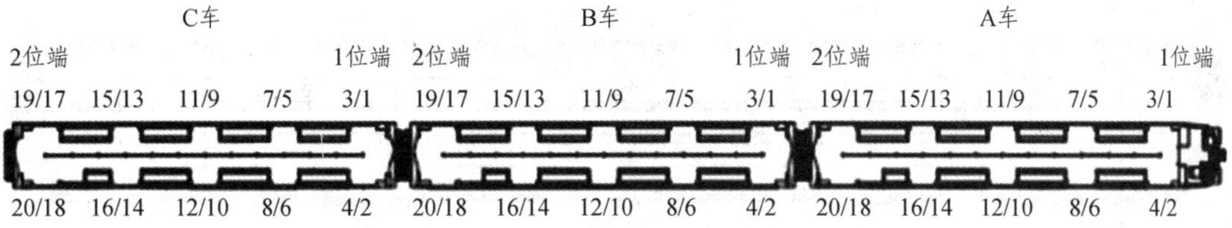

图 1-3-3　车门编号

3. 座　椅

每辆车都有 8 个座椅纵向排列在车辆的左、右侧。这些座椅的编号是从 1 到 8，右侧是偶数，左侧是奇数。座椅 1 和 2 与 1 位端最近，座椅 7 和 8 与 2 位端最近，如图 1-3-4 所示。

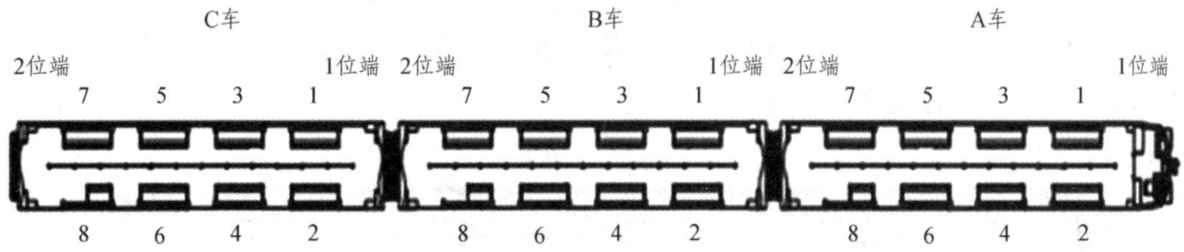

图 1-3-4　座椅编号

4. 客室照明

客室左侧和右侧都有一排照明，它们通过司机台上的“客室照明开关”进行控制。如果电源有故障，每辆 A 车中的 6 个紧急照明灯和每辆 B 车和每辆 C 车中的 7 个紧急照明灯（带*号）将投入使用，如图 1-3-5 所示。每个照明灯具有一个共用的镇流器，驱动两个 18 W 的荧光灯管。

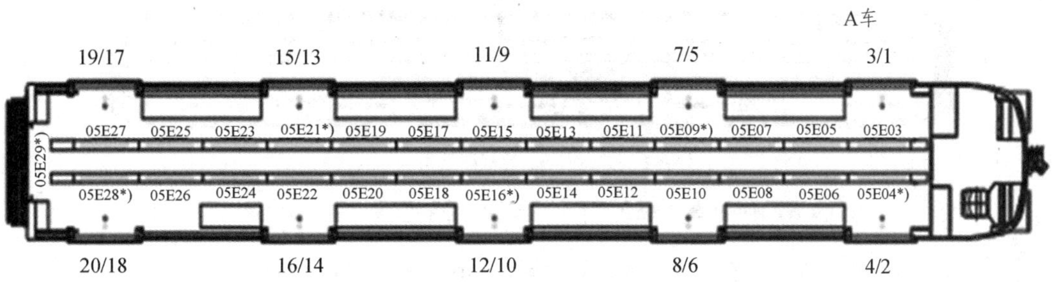

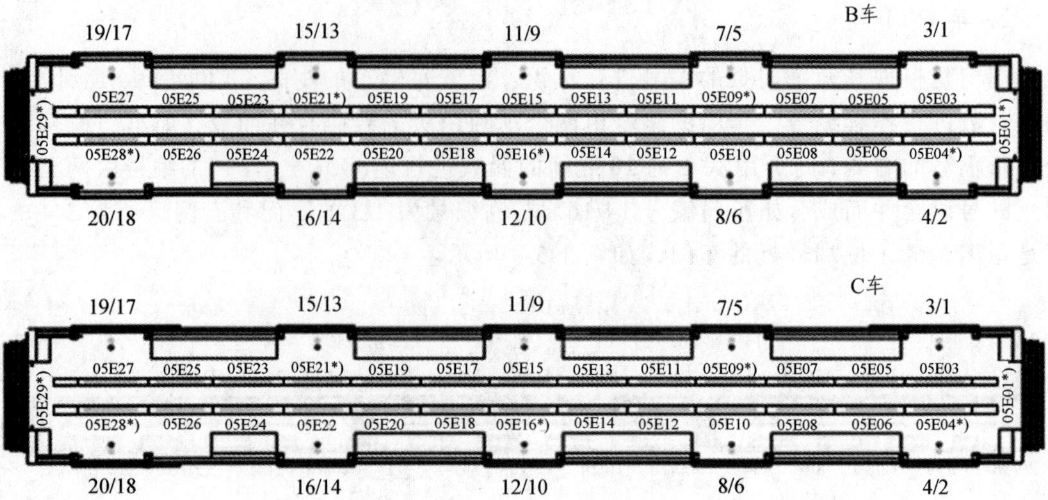

图例：表示荧光灯×18 W；*) 表示紧急灯；表示门信号灯。

图 1-3-5　客室照明的布置

5. 乘客信息设备

为了交流传递乘客信息，每个客室都安装有 10 个扬声器，司机室顶板上安装了一个扬声器（列车无线电）。每车车门上有动态线路图（每车 10 个），每车 4 个站名显示屏可用来显示广告、新闻等，如图 1-3-6 所示。在紧急情况下，乘客可用乘客紧急通信装置（PECU）与司机通信。

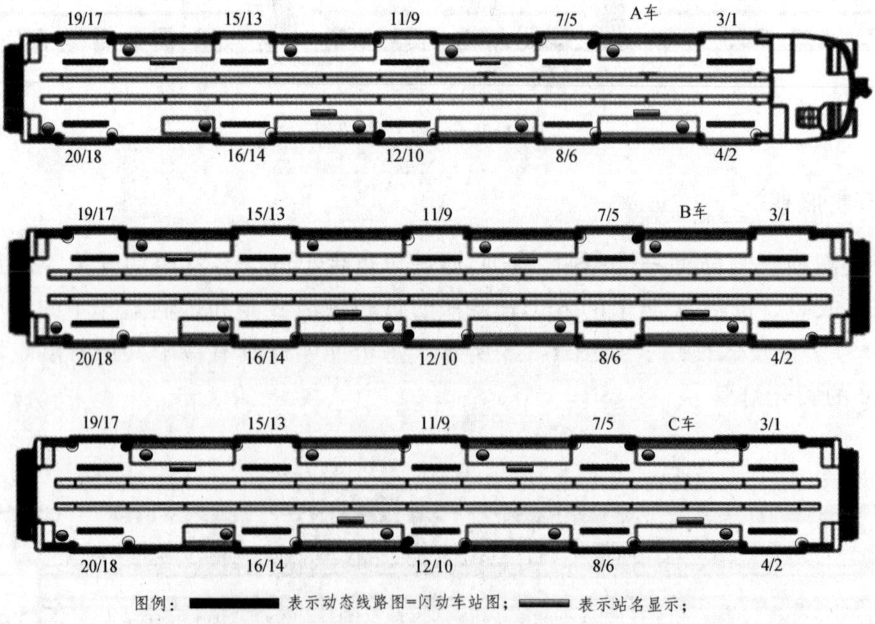

图例：表示动态线路图=闪动车站图；表示站名显示；

表示扬声器；表示乘客紧急通信装置（PECU）；表示紧急缓解手柄。

图 1-3-6　扬声器、显示屏、PECU 和 FSM 的布置

6. 空调单元

每辆车的车顶安装两个空调单元（A/C 单元）。位于 1 位端的空调单元称为空调单元Ⅰ，位于 2 位端的空调单元称为空调单元Ⅱ，如图 1-3-7 所示。

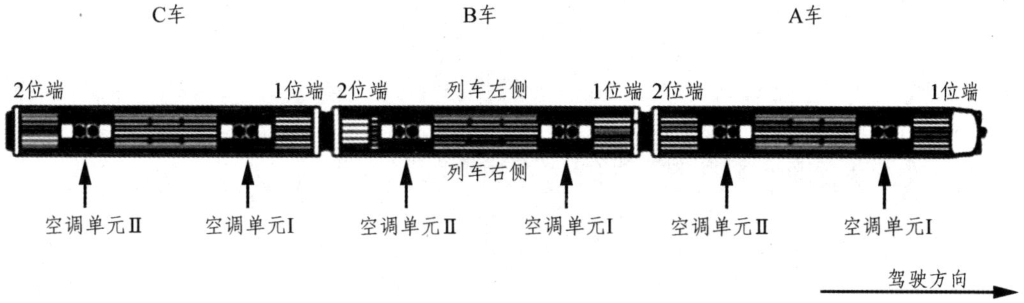

图 1-3-7　空调单元编号

项目测试题

1. 车辆设备包括（　　　　　）、（　　　　　）、（　　　　　）三大类。
2. 车顶设备包括（　　　　　）和（　　　　　　　）。
3. 转向架标识是如何规定的？

4. 车轴标识是如何规定的？

5. 车门标识是如何规定的？

6. 客室座椅标识是如何规定的？

7. 车辆空调标识是如何规定的？

模块二　车　体

项目一　车体概述

知识点提示

（1）车体的作用。
（2）车体的组成。
（3）车体的分类。
（4）车体的结构形式。

一、车体的作用与分类

（一）车体的作用

车体是容纳乘客和司机驾驶的部分，又是安装和连接其他设备及组件的基础，一般包括底架、端墙、侧墙、车顶、牵引梁、枕梁等部分。

（二）车体的分类

（1）按照车体材料划分，车体有碳素钢车体、铝合金车体和不锈钢车体三种。
（2）按照车体结构划分，车体有带司机室车体和不带司机室的车体两种。
（3）按照车体尺寸划分，车体有 A 型车车体、B 型车车体和 C 型车车体。
（4）按照车体制造工艺划分，车体有一体化结构和模块化结构。

二、车体的基本特征与结构形式

（一）车体的基本特征

（1）由于城轨车辆是服务于城市内的公共交通，乘客数量多，旅行时间短，上下车频繁，因此，车内设置的座位数量少、车门数量多而且开度大，服务于乘客的车内设备简单。

（2）对车辆的自重限制较为严格，以降低线路设施的工程投资。车体承载结构一般采用大型中空截面挤压铝型材、高强度复合材料或不锈钢等，并采用整体承载筒形车体结构。

（3）城轨车辆一般运营于城市人口稠密地区，并用于乘载旅客，所以对车辆的防火要求严格。

（4）对车辆的隔音和降噪有严格要求，以最大限度降低噪声对乘客和沿线居民的影响。

（5）车辆外观造型和色彩必须考虑城市文化、环境美化，与城市景观相协调。

（二）车体的结构形式

按照车体结构承受载荷的方式不同，车体可分为底架承载结构、侧墙和底架共同承载结构和整体承载结构三类。

1. 底架承载结构

全部载荷由底架来承担的车体结构称为底架承载结构或自由承载结构。

2. 侧墙和底架共同承载结构

由侧、端墙与底架共同承担载荷的车体结构称为侧墙和底架共同承载结构或侧墙承载结构。其侧、端墙与底架等通过固接形成一个整体，具有较高的强度、刚度。

3. 整体承载结构

在板梁式侧墙、端墙上安装由金属板、梁组焊而成的车顶，使车体的底架、侧墙、端墙、车顶连接成一个整体，成为闭口箱形结构，此时，车体各部分结构均参与承受载荷，因而称这种结构为整体承载结构。

项目测试题

1. 车体的作用是什么？

2. 地铁车体结构包括（　　）、（　　）、（　　）、（　　）、（　　）和（　　）六个部分。

3. 车体类型是如何划分的？

4. 按照车体结构承受载荷的方式不同，车体可分为（　　）、（　　）和（　　）三类。

项目二　模块化车体结构

知识点提示

（1）模块化车体的优点。
（2）模块化车体的组成。
（3）底架模块的组成。
（4）枕梁模块的组成。
（5）牵引梁模块的组成。
（6）侧墙模块的组成。
（7）车顶模块的组成。

模块化车体是将整个车体分为若干个模块，在每个模块的制造过程中完成整车需要的内装和管线的预组装，并解决相互之间的接口问题。各模块完成后进行整体组装，每一模块内部结构采用焊接，而各模块间的组装采用紧固件机械连接，如图 2-2-1 所示。

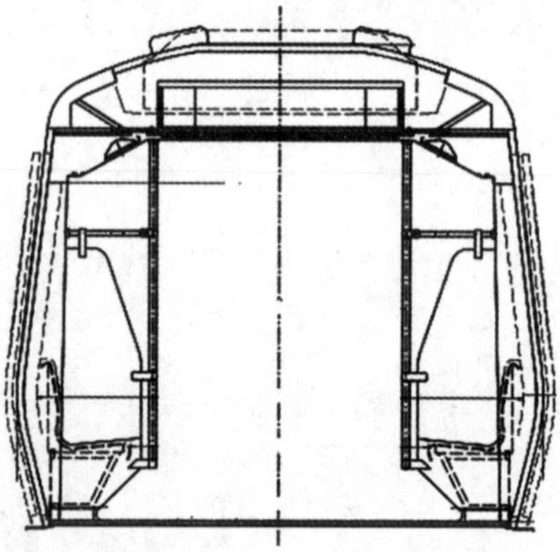

图 2-2-1　车体断面图

模块化车体属于整体承载结构，具有质量轻、承载量大、外形美观、维修方便等优点。模块化车体还有利于制造过程的质量控制，大大提高了生产效率。

一、车体的特点

（1）铝合金模块化车体减少了车辆的自重，降低了运行能耗，车辆自重的降低还能减少车辆对轨道的冲击，延长了钢轨的使用寿命和维修周期，从而降低了运营成本。

（2）鼓形车体配备对开式塞拉门，增大了客室空间，造型美观，车体外表平整，无凹凸结构，有利于降低车辆运行时的风阻，便于洗车机作业。

（3）鼓形车体使车辆在隧道内具有最大的横截面面积，提高了车辆在圆形隧道内的活塞效应，加强了隧道的自然通风能力。

二、车体模块的组成

模块化车体由底架模块、侧墙模块、车顶模块、端部模块、牵引梁模块、枕梁模块组成，车体总装时，用 HUCK 螺栓将这些预装配好的模块按顺序连接在一起，如图 2-2-2 所示。

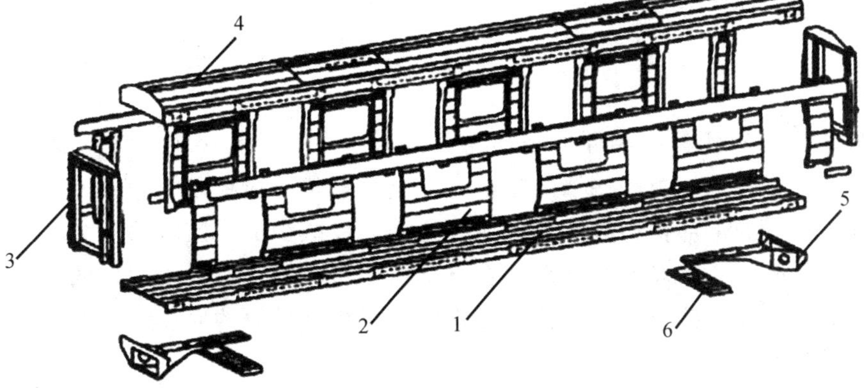

图 2-2-2 车体结构

1—底架模块；2—侧墙模块；3—端部模块；4—车顶模块；5—牵引梁模块；6—枕梁模块

车体模块采用空心铝型材（约占车体质量的 90%）焊接而成，几乎所有挤压型材均由 ENAW 6005A 铝合金制成。底架牵引梁模块对材料的强度要求较高，在材料的选择上采用 ENAW 7020 铝合金制成。某些低应力区域由 ENAW 5083 合金板制成。侧墙每侧有 5 对客室门结构和 4 个车窗结构，带司机室的拖车侧墙模块每侧还包括 1 个司机室门框架和一个前端门框架，中间端宽度与贯通道宽度几乎相同。

（一）底 架

底架是车体的基础结构，底架模块包括地板、边梁（左和右）、枕梁（两根）、牵引梁（两个）组件，如图 2-2-3 所示。边梁、枕梁、牵引梁采用连续焊接组合在一起，将地板、隔热隔声材料、底架下管路和电线槽预先与底架组成一体，然后与侧墙和端部模块连接，底架边梁在整个长度上与侧墙模块进行机械连接，在底架的架车位置进行局部加强。

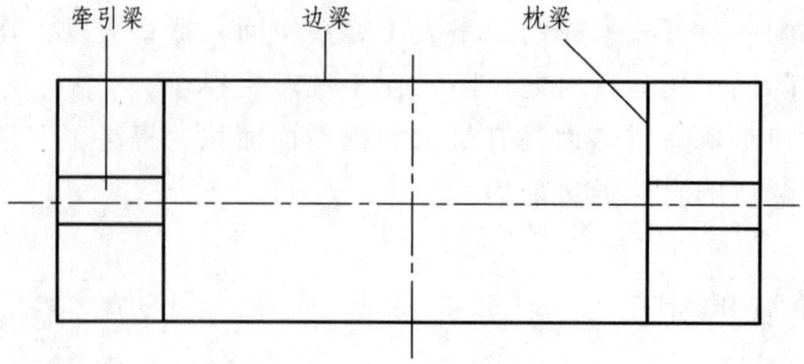

图 2-2-3　底架结构

1. 地　板

地板由 9 块与车辆长度相同，厚度为 70 mm 的挤压型材焊接而成，C 形挤压型材与地板安装在一起，用于连接边梁。

2. 边　梁

边梁由两块与车辆长度相同的挤压型材组成。下部挤压型材是安装底架设备的底座，上部挤压型材包括地板和侧墙的接口，侧墙接口位于地板以上约 150 mm 处，在门口区域，挤压型材的上部切口有平滑的曲线边缘，以减少那一区域的应力。在第 2 个门和第 4 个门的下面有一个局部加强筋加在下部挤压型材上，以减少门口的变形。在司机室区域，边梁由特殊的挤压型材延伸，用作安装司机室模块的底座。

3. 枕　梁

枕梁由两个与车辆宽度相同的挤压型材组成，包括一些固定电缆和管线的加强及固定件组成。B 车中的枕梁较特殊，开有安装高压电缆的安装槽，其他车的所有枕梁是相同的。为安装中心销、空气弹簧和防侧滚杆，枕梁做了特殊加工，使安装面更加平滑。

4. 牵引梁

牵引梁由两根纵梁和一根横梁组成。纵梁沿车体纵向布置，其作用是把车钩传递的纵向力分布到地板和枕梁上。横梁用于车钩的安装，A 车前端的牵引梁较长且较宽，目的在于列车发生冲撞时，被压溃的车钩向后运动，牵引梁能够向后微量压缩，避免车体受损。

底架的作用是承受车体上部载荷以及因各种原因引起的横向力和走行部传递来的各种振动和冲击，并传递列车的牵引力和制动力。枕梁用于走行部的连接和垂向载荷的传递。牵引梁用于安装车辆的车钩缓冲器和列车运行中纵向力的传递。底架的前端设有吸能区，其上开有数排椭圆孔，当车辆受到正面撞击时，能产生较大的塑性变形，从而吸收纵向冲击能量，起到保护司机、乘客和车体的作用。

（二）侧　墙

侧墙由上墙板、下墙板、窗间墙板三部分组成。侧墙由普通铝型材和中空铝型材焊接而成，在侧墙内侧预装隔热隔声材料、车窗和内墙板。侧墙模块与底架模块、车顶模块间用铆钉紧固连接。除了第一个客室门和司机室模块之间的小侧墙模块外，所有侧墙模块由 6 个挤压型材焊接而成，纵向布置，并加上采光设计。C 形槽与车内安装件安装在一起，门和窗户支柱均有加强筋，也由挤压型材制成。为了减少扭曲变形，用铆钉把这些支柱安装在 6 个焊接的挤压型材上。另外，8 个带窗户的大侧墙模块安装在车辆相应的位置，两个（左和右）小模块安装于所有车辆的中间端模块（IME 模块）和末端客室门之间。

第一个客室门和司机室模块之间的小侧墙模块，由于尺寸小及与司机室有特殊连接，仅设计有两个弯曲的挤压型材件（左和右），它也是用铆钉连接在一起。

侧墙是决定车体高度的重要部件，侧墙与底架、车顶连接在一起，共同承受和传递来自车体的载荷。

（三）车　顶

车顶结构由车顶侧梁（左和右）、车顶板（3 块）和空调机组安装槽（两块）组成。B 车车顶结构还包括受电弓安装槽（两块）。

车顶侧梁由三部分组成。下部挤压型材件有侧墙模块的接口，并包括门口，其特点与底架上边梁相同。中间挤压型材件具有侧墙和车顶的弯曲形状。上部挤压型材件包括车顶板插槽和内部安装槽的接口。

车顶板与车顶侧梁和风道一起形成封闭的车顶，它包括 6 个纵向布置的小型挤压型材件。安装槽有一些纵向的小挤压型材件（根据车辆长度）和安装空调机组及受电弓的支架，空调机组安装槽也包括与内部（由板制成）空调机组安装槽连接的接口槽。

（四）中间端（IME）

中间端（IME）安装在客室的两端头，其作用是连接客室与贯通（或司机室）。其结构包括地板、贯通道框架、侧墙部件。中间端上有许多结构部件和孔，用于内部和外部设备的安装连接。

（五）贯通道

贯通道的作用是连接相邻车辆的客室，使乘客沿全列车可以随意走动，使乘客在全列车中均匀分布，也有利于在列车发生意外事故让乘客有秩序地沿贯通道经司机室前端安全门撤离。

1. 技术参数

贯通道过道的净宽度：	1 500 mm
贯通道过道净高度：	1 900 mm
贯通道宽度：	2 282 mm
贯通道高度：	2 442 mm
正常情况下车两端间的距离：	920 mm
贯通道质量：	约 600 kg

2. 设计特点

贯通道可手动连挂和手动解挂。贯通道折棚为双折棚，弹性橡胶折棚。贯通道内部钢结构为不锈钢型材，顶板为不锈钢板，车端侧护板为不锈钢板，中间侧护板为橡胶板，顶板与侧板连接装置采用折叠式最小化设计。

3. 贯通道组成

贯通道由金属框架、折棚、侧护板组成、顶板组成、脚踏板组成、下部贯通道设备、金属框架支撑等部件组成。贯通道四周采用橡胶棚布密封，防止雨水和灰尘的侵入。一个贯通道具有两个结构相同的金属框架和折棚，其中车端金属框架通过紧固件与车体端部牢固连接，另一端（中央金属框架）通过压板相互连接，侧板、顶板和脚踏板安装在相连的贯通道上，平稳地跟随两个车体运动，如图 2-2-4 所示。

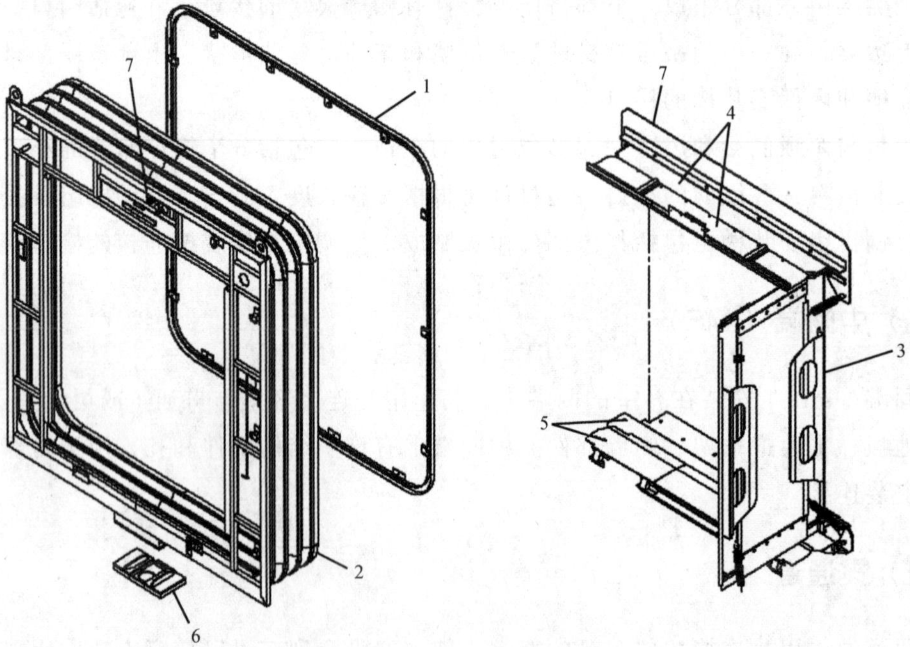

图 2-2-4　贯通道结构图

1—金属框架；2—折棚；3—侧板组成；4—顶板组成；5—脚踏板组成；
6—下部贯通道设备；7—金属框架支撑

（1）折棚。

贯通道折棚可随意弯曲顺应车体的运动，中央金属框架由车体车钩支撑且由安装在贯通道上部的弹簧平衡。贯通的连挂和解挂由手工操作，若两车间有横向位移，可通过导向销将两个相连的中心金属框架位置导正。

（2）侧护板。

侧护板由两块外侧护板和 1 块中间侧护板组成，外侧板由不锈钢板制成。面板表面粘贴装饰材料，中间侧护板由专用橡胶制成，且表面涂与车端侧板相近的颜色。车端板上下设有销轴，销轴插在支座内，列车运行过程中车端侧护板可做水平旋转。

（3）顶板。

顶板安装在中心金属框架上，由车端板和中央板组成，材料为不锈钢板，且表面粘贴有装饰材料，每块板均能相对两车体进行位移。

（4）脚踏板。

脚踏板由踏板和渡板组成。渡板与中心金属框架相配合，由铰链连接可做垂直旋转，踏板与车端用铰链连接，踏板可上下移动。踏板由磨光的不锈钢板制成；渡板由不锈钢花纹钢板制成，具有防磨耗及防滑功能。贯通道内外部结构如图 2-2-5 和图 2-2-6 所示。

图 2-2-5　贯通道内部结构图

图 2-2-6　贯通道外部结构图

三、车体技术参数

1. 车体长度

A 车长度：　　23 612 mm
B、C 车长度：　　21 860 mm

2. 车体宽度

鼓形处车体宽度：　　3 090 mm
地板处车体宽度：　　3 000 mm

3. 车体高度

A 车高度：　　3 486 mm
B、C 车高度：　　3 364.5 mm

4. 车体挠度要求

AW_3 状况下，在车体底架边缘测量的下挠度不超过：　　– 20 mm
AW_2 状况下，在车体底架边缘测量的下挠度不超过：　　– 17 mm
AW_0 状况下，在车体底架边缘测量的下挠度不超过：　　– 10 mm

5. 车体的强度要求

车体在承载各种最大垂直载荷的同时，沿车体纵向水平方向施加不小于 1 200 kN 的静载荷、不小于 960 kN 的拉伸载荷，车体不产生变形。

6. 设计寿命

在正常运用条件下，运用期限至少 30 年，对车体结构件无须加固。

四、客室内装

客室是供乘客乘坐的地方，在车厢的两侧设置有不锈钢长座椅，在每个座椅上设置有一个透明车窗，供乘客观看车外和站台景色。客室内还设置有立柱、扶手杆、拉手，供乘客抓扶，保证乘客安全，如图 2-2-7 所示。为增加客室内的美观，安装了白色内饰板（包括天花板、侧墙板、侧顶盖板）、蓝色地板胶。客室顶部纵向设置有两条送风格栅，来自空调的新风和混合风从送风格栅向客室内输送，提供乘客一个舒适的环境，如图 2-2-8 所示。

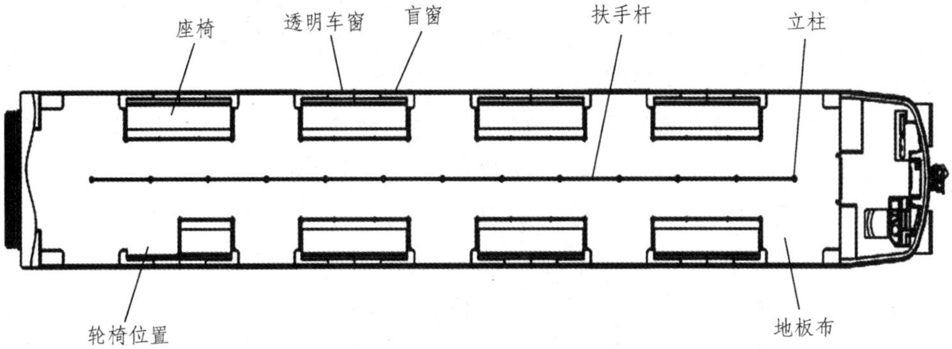

图 2-2-7　客室内装俯视图

图 2-2-8　客室内装实际布置图

五、车体组装

底架、侧墙、顶板、端墙组装成一个整体的车体，形成一个整体承载结构，共同承受作用在车体上的一切载荷，充分发挥车体各个构件的强度，极大地提高了车体的整体刚度。由于整体承载式车体具有很大的强度和刚度，侧墙和顶板能够承受由底架传来的部分载荷，故其底架可以制作得较为轻巧。为了减少车内的噪声，在车体外墙板与内装饰板之间充填了隔热、隔音材料，这样起到了隔音和隔热的作用。

车体的组装分以下 5 个步骤完成：

（1）把侧墙模块安装在底架上，然后用 HUCK 螺栓将两个模块紧固地连接在一起。

（2）组装侧墙与车顶。侧墙与底架组装好后，将车顶扣在侧墙顶上，对齐位置，用 HUCK 螺栓将侧墙和车顶紧固地连接在一起。

（3）安装中间端（IME）。将中间端与底架、侧墙和车顶连接，然后将边梁和中间端之间进行连接，最后将车顶侧梁和中间端用螺栓连接。

（4）安装司机室模块。首先将管槽与底架用一排铆钉进行连接，底架是司机室与管槽的安装底座，然后用连接件连接侧墙模块和司机室模块。

（5）用 HUCK 螺栓连接车内的所有其他连接件，如门立柱和底架车顶之间的连接。

项目测试题

1. 模块化车体属于整体承载结构，具有（　　　　　　）、（　　　　　　）、（　　　　　　）、（　　　　　　）等优点，模块化车体还有利于（　　　　　　）的质量控制。
2. 模块化车体由（　　　　）模块、（　　　　）模块、（　　　　）模块、（　　　　）模块、（　　　　）模块、（　　　　）模块组成。
3. 底架模块包括（　　　　）、（　　　　）、（　　　　）、（　　　　）组件。
4. 边梁由两块与车辆长度相同的（　　　　）组成。
5. 枕梁由两个与车辆宽度相同的（　　　　）组成。
6. 牵引梁由两根（　　　　）和一根（　　　　）组成。
7. 侧墙由（　　　　）、（　　　　）、（　　　　）三部分组成。
8. 车顶模块由车顶（　　　　）、（　　　　）和（　　　　）安装槽组成，B 车车顶结构还包括（　　　　）安装槽。
9. 中间端（IME）安装在（　　　　）的两端头，其作用是连接（　　　　）与（　　　　），其结构包括（　　　　）、（　　　　）、（　　　　）部件。
10. 贯通道的作用是连接相邻（　　　　）的客室，使乘客沿全列车可以随意走动，使乘客在全列车中（　　　　）。
11. 结合图 2-2-8 说明客室内各部分的名称。

模块三　客室车门系统

项目一　车门概述

知识点提示

（1）车门的作用。

（2）车门的特点。

（3）车门供应商。

（4）车门的类型。

（5）塞拉门的动作特点。

城市轨道车辆客室车门系统是乘客上下车的通道，是车体的一个组成部分，也是涉及乘客人身安全的重要部件（见图 3-1-1）。客室车门数量多，动作频繁，其安全性和可靠性直接影响着车辆的运营。

图 3-1-1　地铁客室车门

目前，国外的车门系统供应商有：德国 BODE、奥地利 IFE、日本 Nabco、法国 Faiveley 等厂家。通过近些年的引进、消化、吸收和再创新，国内车门的研发和制造取得了巨大的进步，涌现出以南京康尼机电股份有限公司为代表的一批优秀企业。目前，具有自主知识产权的南京康尼车门系统分别占据国内干线和城轨市场的 40%、50%以上。

一、车门的一般要求

根据城轨交通的特点，城轨车辆的车门应满足如下要求：

（1）要有足够的有效宽度（一般为 1 300 ~ 1 400 mm）。

（2）车门要均匀分布，以方便乘客上下车。

（3）要有足够数量的车门（一般 4 ~ 5 对/辆）。

（4）车门附近要有足够的空间和面积，方便上下车乘客的周转。

（5）具有较高的安全性和可靠性，确保乘客和列车运行的安全。

二、车门常见类型

（一）按驱动方式的不同进行区分

1. 电控风动门

电控风动门由压缩空气驱动传动气缸，再通过机械传动系统和电气控制系统完成车门的开关动作。机械传动系统的作用是将传动气缸活塞的运动传递至车门，实现车门的动作。电气控制系统包括气动门控制、再开门控制、车门动作监视和列车控制电路联锁等内容，其作用是为了保证车门动作可靠和行车安全。

2. 电动门

电动门由门驱电机、门驱机构、车门控制器、车门闭锁装置、车门隔离装置和紧急开门装置组成。其工作特点是车门的动作由电机驱动，指令的接收、门驱电机的控制、车门状态的检测、车门功能的监督以及状态信息的反馈均由车门控制器完成。

（二）按其开启方式的不同进行区分

1. 内藏式平移电动门

车门开关时，门页在车辆侧墙的外墙板与内饰板之间的夹层内移动，故而称之为内藏式平移电动门，如图 3-1-2 所示。内藏式平移电动门是地铁和轻轨列车普遍采用的一种车门类型，具有如下特点：

（1）结构简洁、可靠，占用车辆的空间小。

（2）对车辆与站台之间的距离要求低，有利于车站建设成本的降低。

（3）平移的动作轨迹具有较高的抗乘客挤压能力。

（4）维护成本相对较低。

图 3-1-2　内藏式平移电动门

2. 外挂式密封电动门

外挂门因其门页和上下导轨均设置在车辆的车外侧，门页通过移动机构挂在外部上导轨而得名。外挂式密封电动门系统如图 3-1-3 所示，是在传统的外挂式平移车门基础上，增加了微小的塞拉行程，使得该门系统既具有塞拉门良好的密封性能，同时保持了外挂式平移门结构简单、质量轻、易安装调整的特点，是传统外挂车门系统的升级和替代产品。外挂式密封电动门具有如下特点：

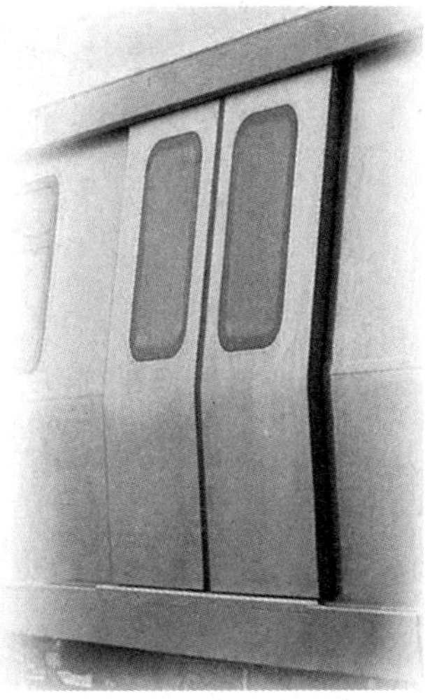

图 3-1-3　外挂式密封电动门

（1）结构简洁、可靠，占用车辆的空间小。

（2）密封性能好，极大地提高了乘客的舒适度。

（3）能最大限度地保证在乘客拥挤状态下实现正常开、关门功能。

3. 电动塞拉门

电动塞拉门是目前地铁车辆制造过程中广泛采用的一种客室车门类型，如图 3-1-4 所示。其开、关门由塞出、拉入和平移三个动作组成。塞出是指车门开启时门页向车体外侧的一个垂直运动，拉入是指车门关闭时门页向车体内侧的一个垂直运动，平移是指车门开关时门页沿车体纵向的平行移动。电动塞拉门具有如下特点：

（1）密封性能良好，对传入客室内的噪声有较好的抑制作用，同时可降低客室空调的能耗。

（2）车门在关闭状态时，门页外表面与车体侧墙成同一平面，因此，利于降低列车在高速运行时的空气阻力。

（3）可靠性高，控制智能化。

（4）列车外观平滑，方便清洗，整体和谐美观。

图 3-1-4　电动塞拉门

（三）按其用途的不同进行区分

1. 客室侧门

每辆车安装了 10 个客室侧门（每侧 5 个，均匀布置），整列车共 60 个客室侧门，供乘客上下车使用。

2. 紧急疏散门

在 A 车司机室安装有紧急疏散门，在紧急情况下，司机可打开设在前后 A 车前端中间的紧急疏散门，引导乘客通过紧急疏散门走向路基向两端的车站疏散，如图 3-1-5 所示。

图 3-1-5　紧急疏散门

3. 司机室侧门

在司机室两侧墙上各有一扇单叶的门，其结构与客室车门类似，供司机上下车。

4. 司机室后墙门

在司机室后端中间有一通往客室的通道门，是司机进入客室的通道。在客室一侧没有开门把手，乘客不能开启这扇门，但在其上方有一红色紧急拉手，其用途是当乘客发现司机因突发急病时，可用紧急手柄开启通道门进入司机室。

项目测试题

1. 客室车门系统是乘客（　　　）的通道，是（　　　　）的一个组成部分，也是涉及（　　　　）人身安全的重要部件。
2. 客室门具有（　　　）多，（　　　）频繁的特点，其（　　　　）和（　　　　）直接影响着列车的安全运营。
3. 国外的车门系统供应商有（　　　　）、（　　　　）、（　　　　）、（　　　　）等厂家；国内的车门系统供应商有（　　　　　）。

4. 按驱动方式不同，地铁车门划分为（　　　　　　　　）和（　　　　　　　　）两种类型。
5. 按开启方式不同，地铁车门划分为（　　　）、（　　　）、（　　　）三种类型。
6. 按其用途的不同，地铁车门划分为（　　　）、（　　　）、（　　　）、（　　　）四种类型。
7. 电动塞拉门的开门包括（　　　　）、（　　　　）两个动作。
8. 电动塞拉门的关门包括（　　　　）、（　　　　）两个动作。
9. 塞出是指（　　　　）时门页向车体（　　　　）的一个垂直运动，拉入是指（　　　　）时门页向车体（　　　　）的一个垂直运动，平移是指车门（　　　　）时门页沿车体（　　　　）的平行移动。

项目二　客室车门系统

知识点提示

（1）车门布置。
（2）左右侧车门的规定。
（3）车门编号。
（4）车门控制开关的位置。
（5）车门参数。
（6）车门图标识别。

一、客室车门的分布

每个客室配置有 10 个侧门（左右侧各 5 个，均匀分布），整列车共 60 个客室侧门（见图 3-2-1）。左侧门和右侧门的定义如下：

从车辆的 2 位端向 1 位端看去时，位于人左侧的门定义为车辆的左侧门，另一侧门则定义为右侧门。

图 3-2-1　客室车门

二、客室车门编号

客室侧门沿车辆的左右侧对称均匀分布。左侧车门，门页采用 1 到 19 之间的奇数进行连续编号；右侧车门，门页用 2 到 20 之间的偶数进行连续编号。门的编号由两个门页编号组成，左侧编号为 1/3 的门和右侧编号为 2/4 的门是距离车辆 1 位端最近的门，左侧编号为 17/19 的门和右侧编号为 18/20 的门是距离车辆 2 位端最近的门，如图 3-2-2 所示。

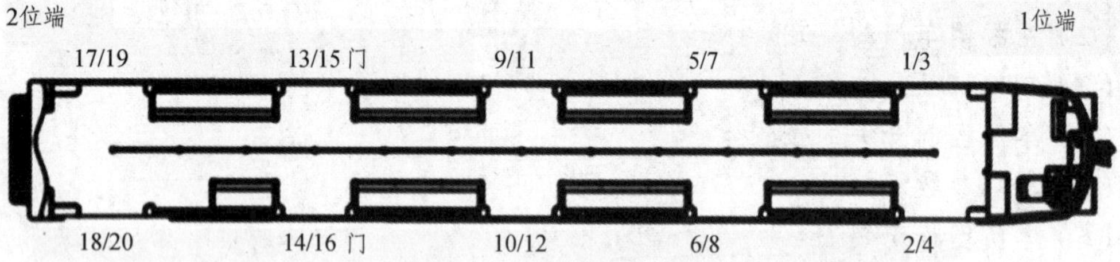

图 3-2-2　客室车门编号示意图

三、车门控制开关

司机室左右两侧墙板上各有一组车门控制面板（两个开门按钮、一个关门按钮，如图 3-2-3 所示），方便司机站台作业时控制左右侧车门的开启和关闭。在司机台上设有控制左侧车门开启的控制按钮，便于列车停靠左侧站台时司机开启左侧车门，如图 3-2-4 所示。

图 3-2-3　右侧墙车门控制面板

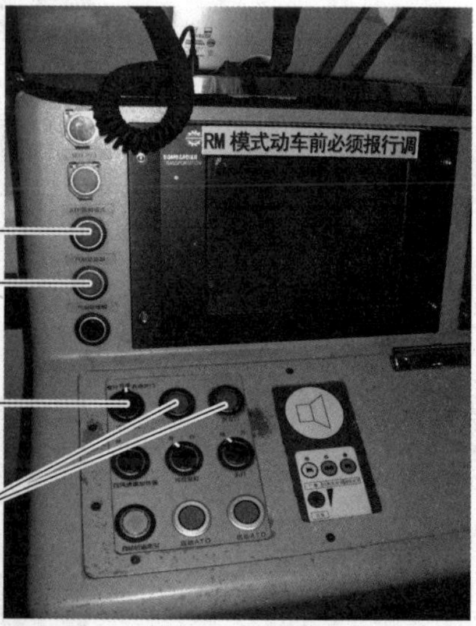

图 3-2-4　司机台车门控制按钮

四、客室门主要技术参数

入口宽度：	$1\,700^{+4}_{-3}$ mm
入口高度：	$2\,088^{+3}_{-2}$ mm
水平通过尺寸（宽度）：	1 400 mm ± 10 mm
垂直通过尺寸（高度）：	1 860 mm ± 10 mm
开门时间：	3.5 s ± 0.5 s（可调）
关门时间：	3.5 s ± 0.5 s（可调）
允许温度范围：	– 25 ~ +40 °C
允许最大湿度：	95%
供给电压：	DC 77 ~ 137 V
门组成的总质量：	175 kg ± 5 kg
列车最高持续运行速度：	80 km/h
车内的最大过压：	关门时客室最大为 50 Pa
最大挤压力：	有效力 150 N、峰值力 300 N
能检测到的最小物体尺寸：	30 mm × 60 mm

五、MMI 显示的车门图标

在司机室的 TMS-MMI 显示屏上，有一组车门图标，显示车门当前的工作状态：当车门关闭时，车门图标为蓝色；当车门打开或正在打开、正在关闭时，蓝色的车门图标闪烁；当车门发生故障时，图标显示红色；当车门的紧急开门装置手柄被拉下时，图标显示黑色；当车门被切除时，图标显示黄色，如图 3-2-5 所示。

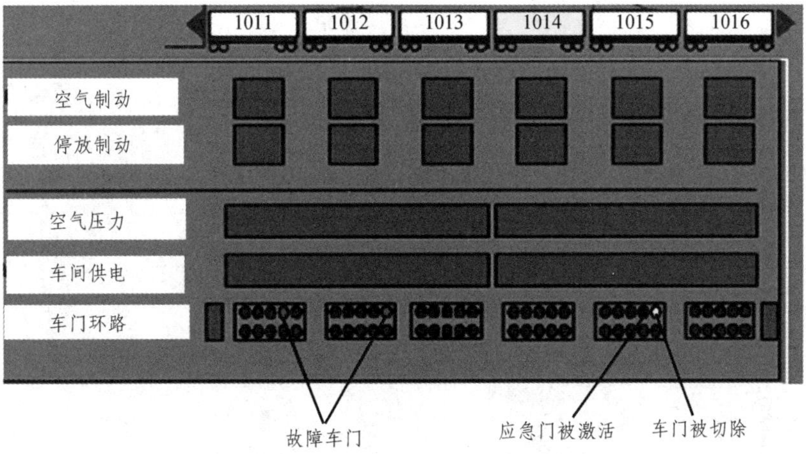

图 3-2-5　MMI 显示的车门图标

项目测试题

1. 每个客室配置有（　　　　）个侧门，整列车共（　　　　）个客室侧门。
2. 从车辆的（　　　　）位端面向（　　　　）位端看去时，位于人左侧的门定义为车辆的左侧门，另一侧门则定义为右侧门。
3. 左侧车门用 1 到 19 之间的（　　　　）进行连续编号，右侧车门用 2 到 20 之间的（　　　　）进行连续编号。门的编号由（　　　　）门页编号组成。
4. 司机室（　　　　）两侧墙板上各有一组车门（　　　　），方便司机站台作业时控制左右侧车门的开启和关闭。
5. 在司机台上设有控制（　　　　）车门开启的控制按钮，便于列车停靠（　　　　）站台时司机开启左侧车门。
6. 客室门的开关门时间是（　　　　），最大关门挤压力为（　　　　）。
7. 客室门能检测到的最小物体尺寸为（　　　　）。
8. 在司机室的显示屏上，有一组车门图标，显示车门当前的（　　　　）：当车门（　　　　）时，车门图标为蓝色；当车门（　　　　）时，蓝色的车门图标闪烁；当车门（　　　　）时，图标显示红色；当车门（　　　　）时，图标显示黑色；当车门（　　　　）时，图标显示黄色。

项目三　客室车门的组成部件

知识点提示

（1）康尼车门的系统组成。

（2）康尼车门的部件。

一、客室车门的组成

康尼车门由门驱机构、门页、车门密封、车门定位机构、内外操作装置和车门控制系统几大部分组成，如图 3-3-1 和表 3-3-1 所示。

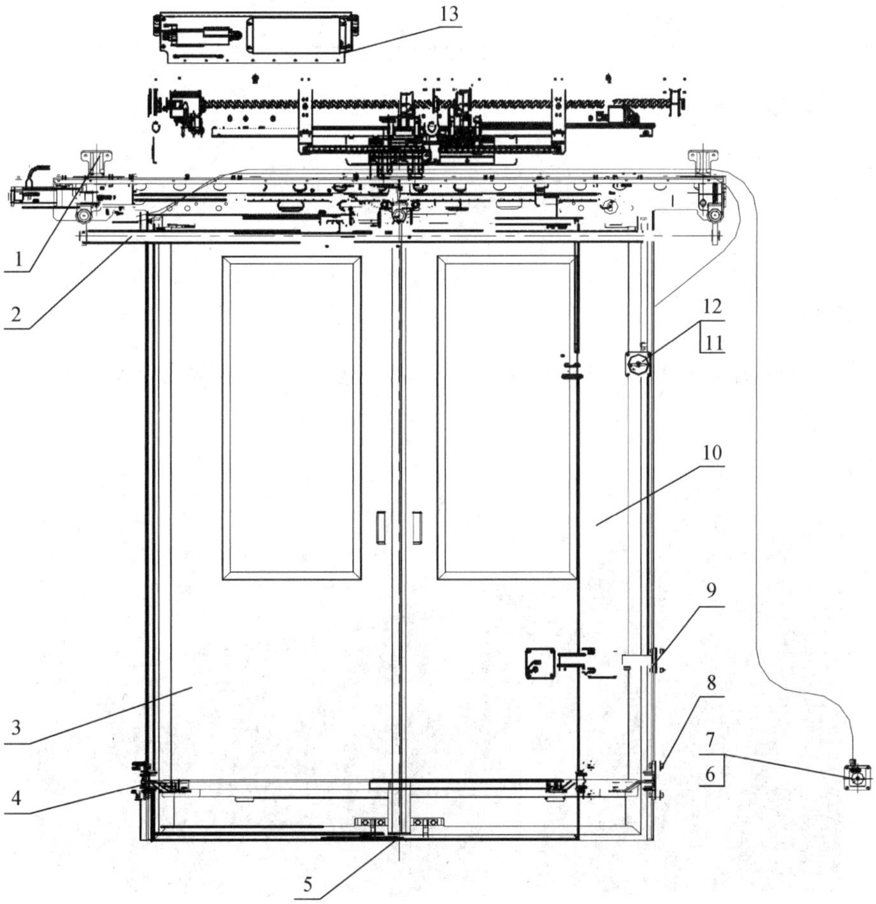

图 3-3-1　康尼车门结构图

表 3-3-1　康尼车门组成

序号	名　称	单位	数量	备注
1	安装架	件	3	
2	车门承载驱动机构	套	1	
3	左门页	扇	1	
4	摆臂组件（左）	套	1	
5	嵌块	块	1	
6	外操作装置	套	每辆车两套	
7	外操作钢丝绳组件	套	每辆车两套	
8	摆臂组件（右）	套	1	
9	隔离开关组件	套	1	
10	右门页	扇	1	
11	内操作装置	套	1	
12	内操作钢丝绳组件	套	1	
13	EDCU 部件	套	1	

二、车门接口部件

接口部件用于车门系统与车体的连接，包括安装架（3 件）、上压条、左右侧压条和嵌块、门槛。

1. 安装架

安装架用于承载驱动机构与车体之间的连接，安装架包括两个侧架和一个中支架，如图 3-3-2 所示。

图 3-3-2　安装架与车体连接示意图

2. 压　条

在车体的门框上装有上压条和左、右侧压条。车门关闭时，压条与门页周边的密封胶条配合，保证车辆运行时车门密封的要求，如图 3-3-3 所示。

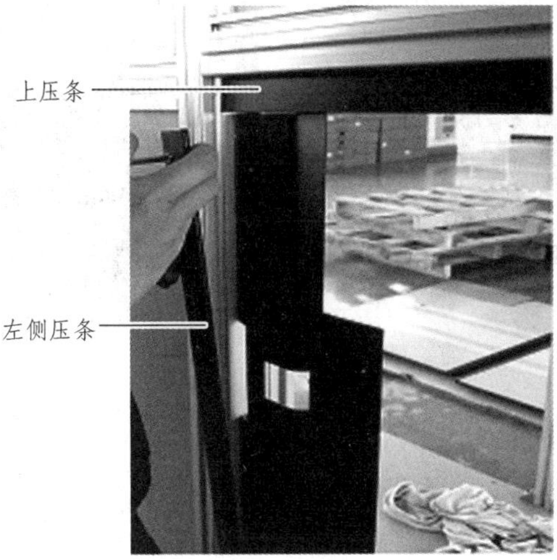

图 3-3-3　压条实物图

3. 门槛和嵌块

门槛安装在车体上。在门槛上安装有嵌块，嵌块与安装在门页上的挡销配合，确保车门关闭时的挠度要求，如图 3-3-4 所示。

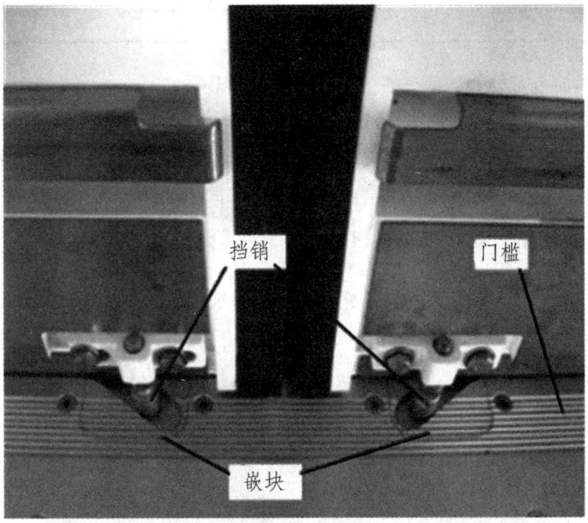

图 3-3-4　门槛和嵌块安装位置图

三、门驱机构

门驱机构是车门的核心机构，包括门驱电机和传动机构两部分，通过电机的正反转实现车门的开启和关闭。传动机构的作用是将电机的运动传递至门页。门驱机构所有部件均安装在机架上，机架通过安装架与车体相连，门驱机构的部件组成见图 3-3-5 和表 3-3-2。

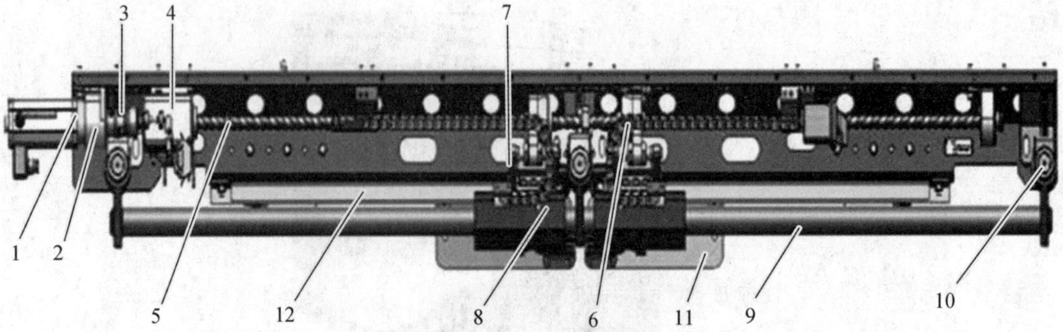

图 3-3-5　门驱机构结构图

表 3-3-2　门驱机构的组成

序号	名　称	序号	名　称
1	门驱电机	7	传动架
2	减速机构	8	滑筒
3	连接装置	9	长导柱
4	全程锁闭装置	10	短导柱
5	丝杆	11	携门架
6	螺母副	12	上导轨

1. 门驱电机

门驱电机采用 110 V 直流电源，由 EDCU 控制，内置位置传感器（码盘），外部有电源接口和码盘接口，如图 3-3-6 所示。码盘的作用是车门初次上电时，用于确定车门的位置原点和车门动作的时间原点。

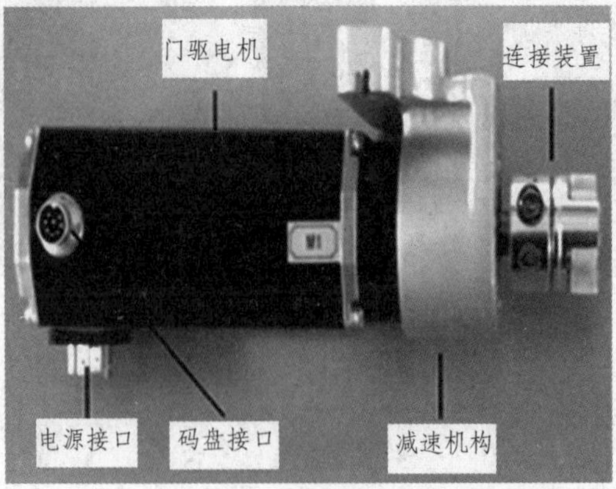

图 3-3-6　门驱电机、减速机构

2. 全程锁闭装置

全程锁闭装置的作用是，既能锁定丝杆防止车门意外开启和关闭，又能实现车门的无源自解锁，如图 3-3-7 所示。

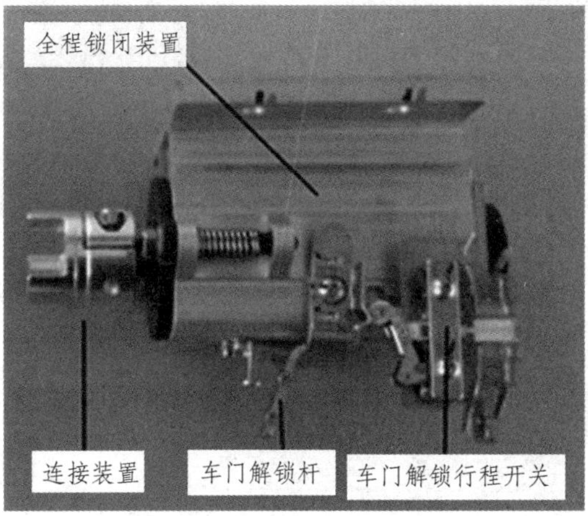

图 3-3-7　全程锁闭装置

3. 丝杆与螺母副

电机的旋转运动经减速机构减速后，通过连接装置传递至全程锁闭装置，丝杆通过其前端的平键与全程锁闭装置相连，丝杆将电机的旋转运动传递至左右螺母副，将电机的旋转运动转换成螺母副的直线运动，如图 3-3-8 所示。

图 3-3-8　丝杆与螺母副

4. 传动架、滑筒和导柱

传动架用于连接螺母副和滑筒，其作用是传递运动，如图 3-3-9 所示。滑筒为直线轴承，连接传动架和携门架，如图 3-3-10 所示。滑筒安装在长导柱上，长导柱的作用是支撑门页并为门页的平移运动导向，如图 3-3-11 所示。长导柱通过挂架连接短导柱，短导柱的作用是支撑门页并为门页的塞拉运动导向。

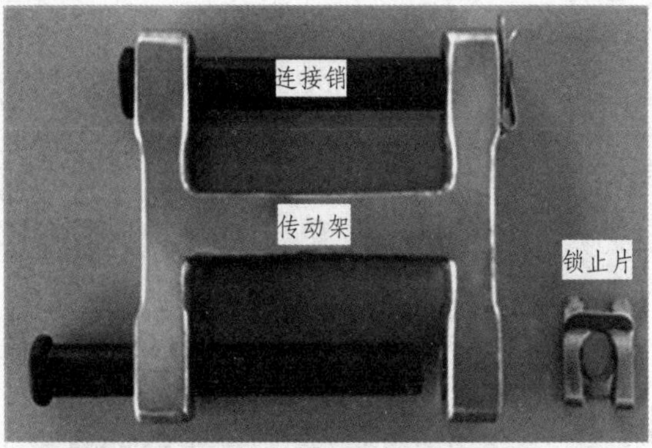

图 3-3-9　传动架

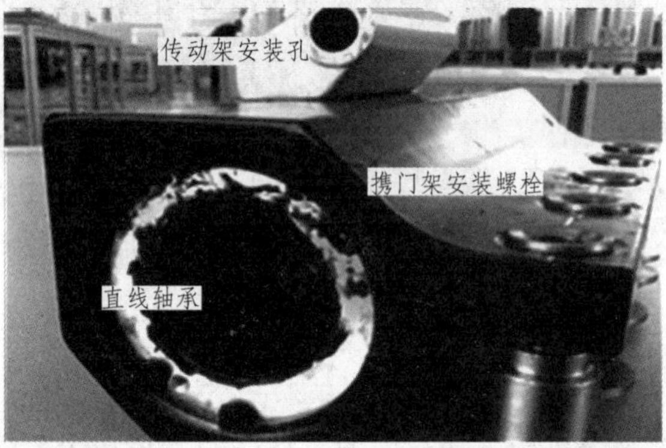

图 3-3-10　滑筒

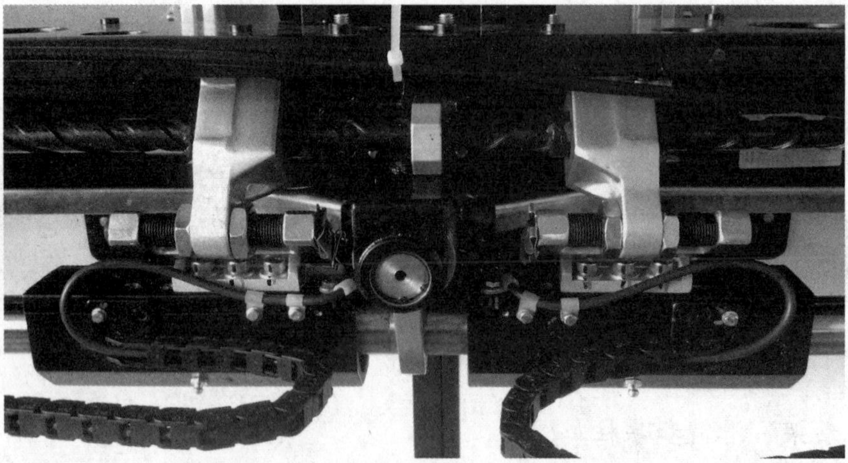

图 3-3-11　传动架、滑筒和长导柱安装关系

5. 携门架

携门架包括左携门架和右携门架，连接滑筒与门页，用于车门运动的传递，安装在携门架上的开门止挡可以调节车门的开度，如图 3-3-12 所示。

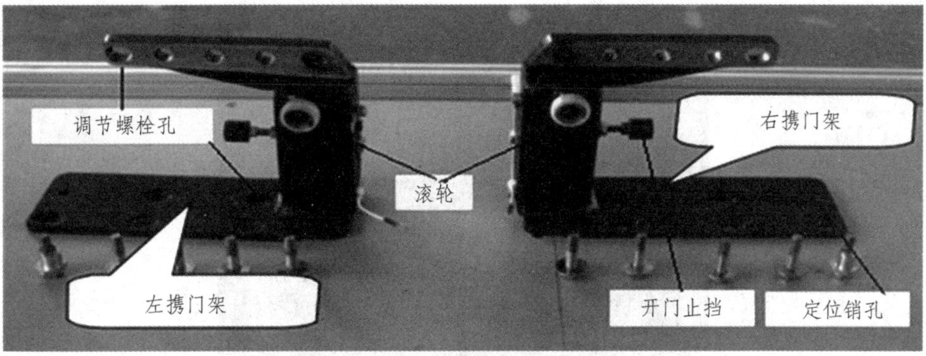

图 3-3-12　携门架与开门止挡

6. **上导轨**

上导轨的作用是，门页横向定位微调，实现车门的塞拉运动，并实现车门平面定位，如图 3-3-13 所示。

图 3-3-13　上导轨

四、车门密封

安装在车体上的上压条和左、右侧压条与门槛外侧立面形成一个连贯的平面，此平面为车门的密封面，密封面距车体外侧面的距离有调整要求，距离过小会造成车门关闭时门页平面高于车体平面，距离过大又会造成车门关闭时门页平面低于车体平面。

车辆运行时车门关闭，安装在门页四周的密封胶条压紧车门密封面形成良好的密封，压条和门槛的变形、松动，车门密封胶条的破损、老化都会造成车门的密封不良，增大车内的噪声和空调的能耗。

五、门　页

康尼车门门页采用铝合金复合结构，由外侧框架、蒙板和蜂窝状芯板组成。门页采用热固化成型，为加强机械强度，蒙板的周边都包在铝框架上。

除了一些用于支撑门板和实现门板导向运动的部件外，门板内表面是平的。窗玻璃粘接到门板上并与门板的外表面平齐。门板周边装有胶条，与门框上的压条配合，以实现门周边的密封。门板前沿装有一个特殊的中空胶条，以防夹住障碍物，如图 3-3-14 所示。

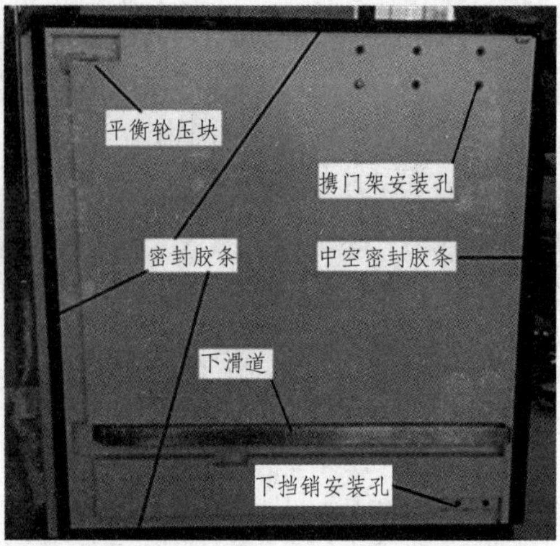

图 3-3-14　门页及附属结构

六、车门定位机构

车门定位机构的作用是，确保车门在全开、全关及开关门过程中门页位置正确，并确保列车运行中门页位置状态稳定。

1. 安装架（见图 3-3-2）

安装架的作用是，将车门固定在车体上，它与车体的位置关系直接影响到车门的整体定位。车门的整体定位包括如下内容：

（1）垂向定位：指门页相对于门框垂向的位置关系。门页位置过高会造成门页下密封胶条与门槛外侧立面的重叠量太小，从而造成密封不严，如图 3-3-15（a）所示；门页位置过低会造成门页上密封胶条与门框上压条密封面重叠量太小，从而造成密封不良，如图 3-3-15（b）所示。车门垂向正确位置是门页下密封胶条露出门槛面 8 ~ 10 mm。

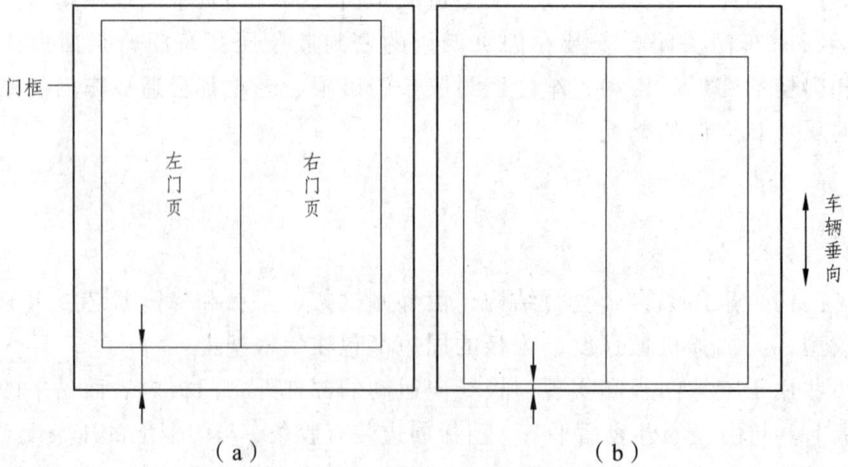

图 3-3-15　车门垂向定位失准的两种情况

（2）纵向水平定位：定位失准会造成门页歪斜，如图 3-3-16 所示。机架安装的水平度不达标是造成车门纵向水平定位失准的原因。

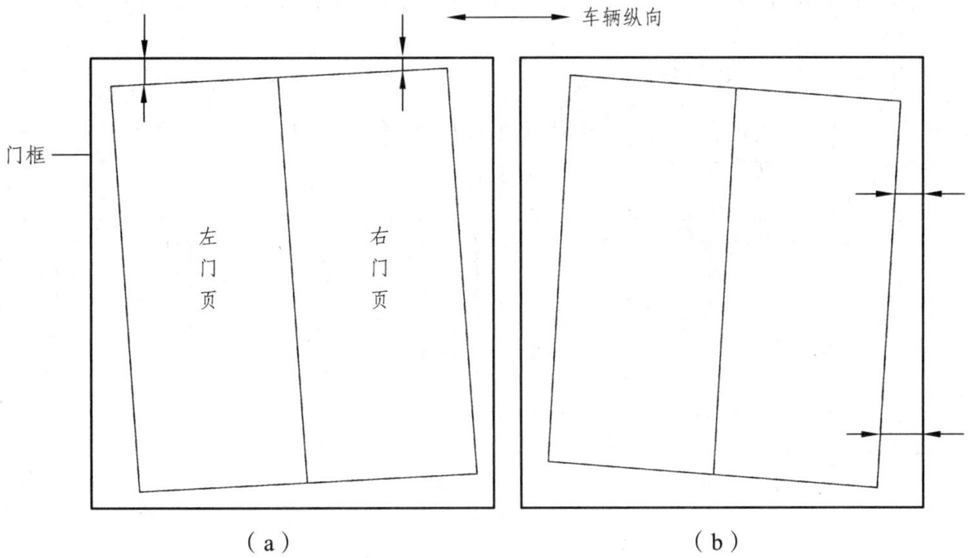

图 3-3-16　车门纵向水平定位失准的两种情况

车门关闭时，可以通过观察车门外侧顶间隙与两侧间隙来判断，也可以通过观察车门内侧下密封胶条露出门槛的高度左右是否一致来判断。

（3）横向定位：指门页相对于车体外侧平面的位置关系，定位失准会造成车门关闭时门页与车体外侧不在一个平面上，既影响美观，又会造成车门密封不良，如图 3-3-17（a）所示。定位失准还会造成车门开启时门页与车体外侧距离不够，有可能造成门页运动与车干涉，如图 3-3-17（b）所示。

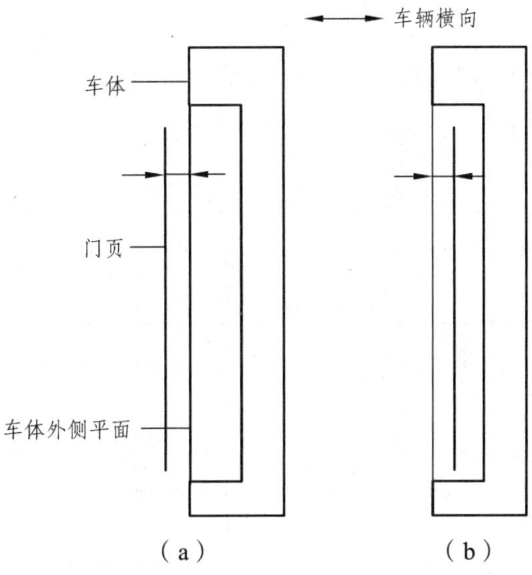

图 3-3-17　车门横向定位失准的两种情况

造成车门横向定位失准的原因是：

① 机架与安装架的相对位置，该位置可以通过机架与安装架间的调整垫片来调节。

② 上导滑轨与机架的相对位置，该位置可通上导轨上腰形安装孔来调整。

2. 对中装置（见图 3-3-11）

调节车门对中装置的调节螺栓可以确保车门关闭时门页位于车门安装框的中心。图 3-3-18 是车门对中失准的两种情况。

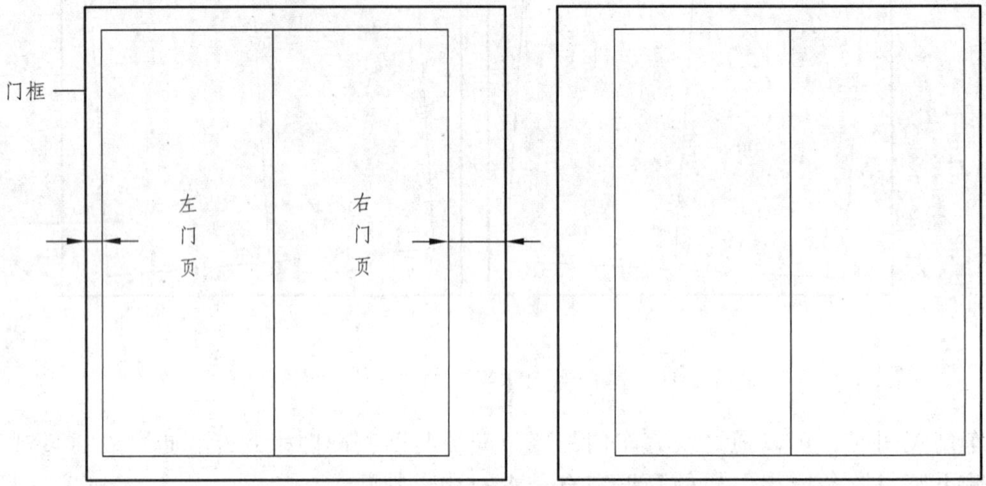

（a）　（b）

图 3-3-18　车门对中失准的两种情况

3. 下摆臂、携门架偏心调节螺栓、门页调节螺栓

下摆臂（见图 3-3-20）、携门架偏心调节螺栓、门页调节螺栓（见图 3-3-12）是门页的平面定位机构。门页的平面定位就是保证两扇门页在同一平面上且在车辆纵向和垂向方向没有歪斜。图 3-3-19 是车门平面定位失准的几种情况。

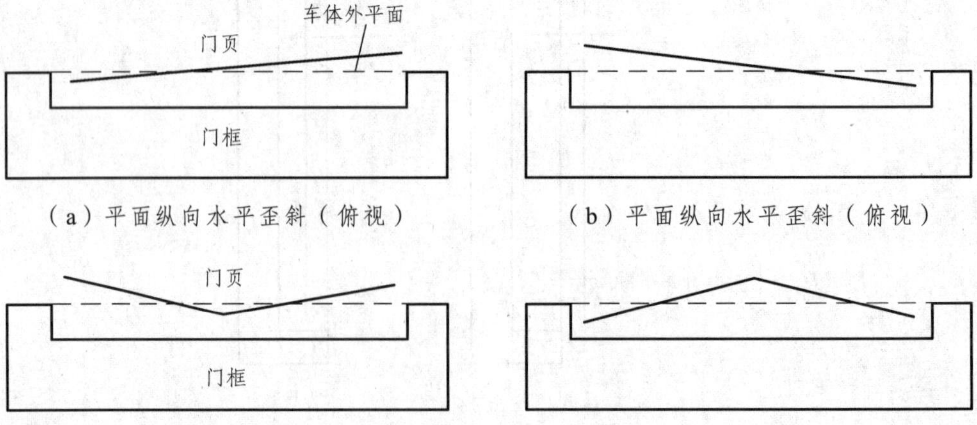

（a）平面纵向水平歪斜（俯视）　（b）平面纵向水平歪斜（俯视）

（c）门页不在同一平面（俯视）　（d）门页不在同一平面（俯视）

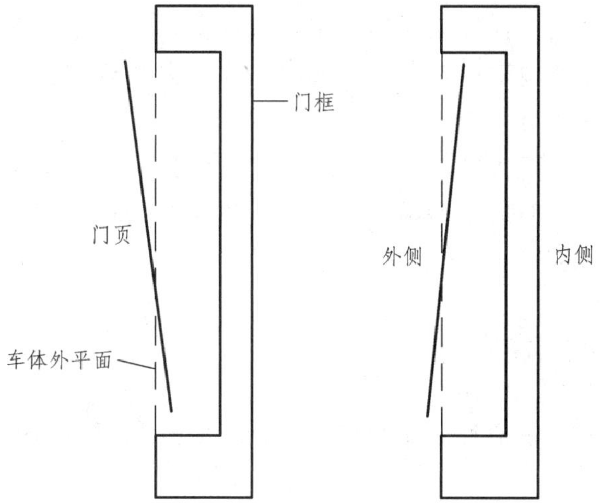

（e）平面垂向歪斜　　（f）平面垂向歪斜

图 3-3-19　车门平面定位失准的几种情况

4. 平衡轮、平衡轮压块、下挡销、下摆臂定位滚轮、上导轨

门页的平面跳动是指列车运行时，门页在外力作用下沿车体纵向、横向、垂向的位置变化。平衡轮组件（平衡轮、平衡轮压块）（见图 3-3-21）、下挡销（见图 3-3-4）、下摆臂定位滚轮（见图 3-3-20）、上导轨（见图 3-3-13）是保证列车运行中门页不发生平面跳动的定位装置。

门页平面跳动发生的原因有：在车辆运行时外力的作用、车门开关过程中各运动零件的相互作用，定位装置松动。门页平面跳动定位装置的具体分工如下：

（1）垂向定位装置：上导轨、下挡销、平衡轮组件。

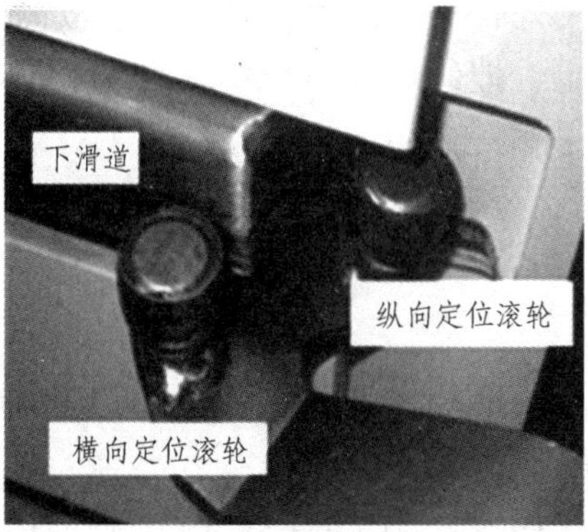

图 3-3-20　下摆臂定位滚轮

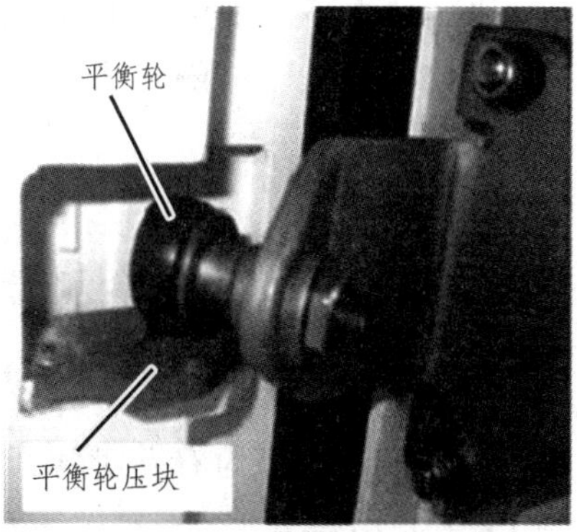

图 3-3-21　平衡轮定位装置

车门关闭时，安装在机架上的平衡轮组件的平衡轮压紧在门页的平衡轮压块上，携门架上的滚轮与上导轨接触，能阻止门页平面在外力作用下向上跳动，安装在门页上的下挡销与门槛嵌块凹槽能阻止门页平面在外力作用下向下跳动。

（2）纵向定位装置：全程锁闭装置、下摆臂纵向定位滚轮、下挡销。车门关闭时，全程锁的装置锁定丝杆限制了门页上部沿车辆纵向方向的位移；下摆臂的纵向定位滚轮和下挡销限制了门页下部沿车辆纵向方向的位移。

（3）横向定位装置：平衡轮、上导轨、下摆臂的横向定位滚轮。车门关闭时，平衡轮、上导轨限制了门页上部沿车辆横向方向的位移；下摆臂的横向定位滚轮限制了门页下部沿车辆横向方向的位移。

七、车门内外操作装置

车门的内外操作装置包括外操作装置、内操作装置和车门隔离开关，如图 3-3-22 ~ 3-3-24 所示。

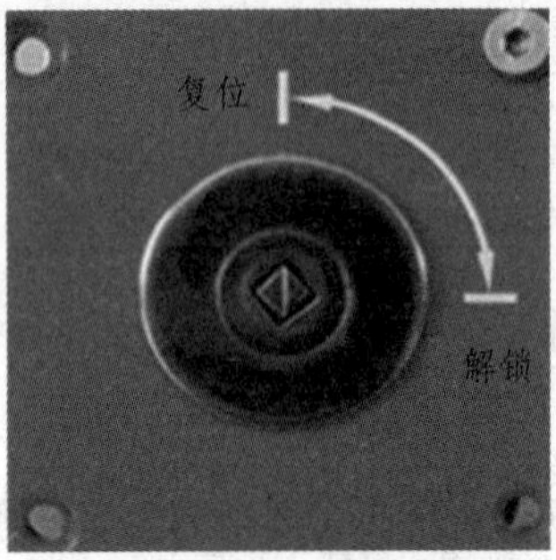

图 3-3-22　外操作装置

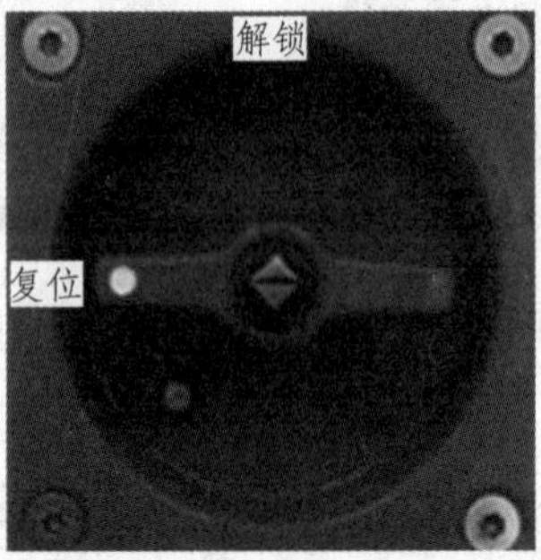

图 3-3-23　内操作装置

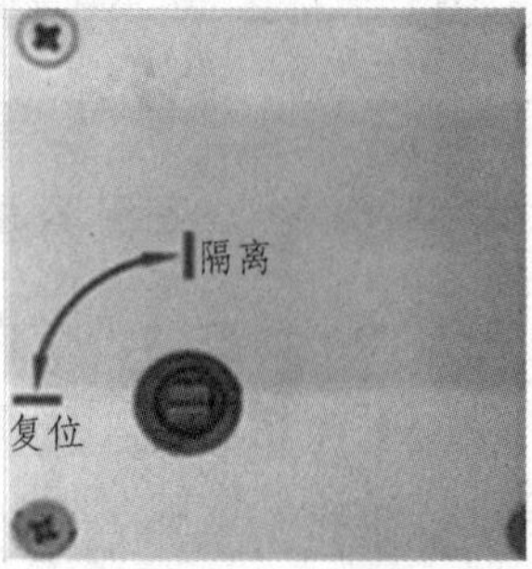

图 3-3-24　隔离开关

外操作装置的作用是，方便站务员用方孔钥匙从车辆外部打开车门。内操作装置的作用是，方便乘客在紧急情况下可以通过转动手柄解锁来打开车门。

车门隔离开关的作用是，当车门发生故障无法使用时，司机可以用方孔钥匙隔离车门。

车门在隔离状态下 EDCU 不再接收系统指令，车门安全线被旁通，车门故障也不会造成牵引系统的联锁；车门隔离后车门被机械锁定，即便通过内操作装置来解锁车门也不会打开。

八、车门位置及状态检测装置

康尼车门系统设置了三个行程开关 S1、S2、S3，用于检测车门的位置，从而确定其状态。每个行程开关内部均有一对常开和常闭触头，其作用分别是：

S1：门关到位行程开关，车门关闭时，常开触头闭合，车门安全线导通，同时向 EDCU 反馈车门状态信息——车门关闭。车门开启时，常闭触头断开，车门安全线开路，牵引系统被封锁，同时向 EDCU 反馈车门状态信息——车门开启。

S2：车门隔离行程开关，正常状态下常闭触头闭合，车门安全线导通，车门控制正常。隔离状态下常闭触头断开，常开触头闭合，S1、S3 安全环路旁通，车门隔离后，红色指示灯长亮，门被机械锁住。

S3：解锁行程开关，正常状态下常闭触头闭合，车门安全线导通，车门控制正常。车门解锁后，常闭触头断开，车门安全线开路，常开触头闭合，向 EDCU 反馈车门状态信息——车门解锁。

项目测试题

1. 车门由（　　　　　）、（　　　　　）、（　　　　　）、（　　　　　）、（　　　　　）和（　　　　　）几大系统组成。
2. 车门接口部件用于（　　　　　）系统与（　　　　　）的连接，包括（　　　　　）、（　　　　　）、（　　　　　）和（　　　　　）、（　　　　　）。
3. 安装架用于（　　　　　）与（　　　　　）之间的连接，安装架包括两个（　　　　　）和一个（　　　　　）。
4. 车体的（　　　　　）上装有上压条和左、右侧压条，车门关闭时，压条与（　　　　　）周边的密封胶条配合，保证车辆运行时车门密封的要求。
5. 门槛安装在（　　　　　）上，在门槛上安装有嵌块，嵌块与安装在门页上的（　　　　　）配合，确保车门关闭时的挠度要求。
6. 门驱机构包括（　　　　　）和（　　　　　）两部分。
7. 车门运动由电机驱动，通过电机的（　　　　　）实现车门的开启和关闭。
8. 传动机构的作用是将（　　　　　）的运动传递至（　　　　　），门驱机构所有部件均安装在（　　　　　）上，机架通过（　　　　　）与车体相连。
9. 在图 3-3-5 上标出门驱机构 12 个部件的位置。
10. 门驱电机采用（　　　　　）电源，由（　　　　　）控制，内置（　　　　　）（码盘），外部有（　　　　　）和（　　　　　）。
11. 电机码盘的作用是，车门初次上电时用于确定车门的（　　　　　）和车门动作的（　　　　　）。
12. 全程锁闭装置的作用是什么？

13. 螺母副的作用是将电机的（　　　　　）转换成螺母副的（　　　　　）。
14. 长导柱的作用是（　　　　　）并为门页的（　　　　　）导向，长导柱通过挂架连接短导柱，短导柱的作用是（　　　　　）并为门页的（　　　　　）导向。

15. 上导轨的作用是什么？

16. 车门是怎么密封的？

17. 车门定位的作用是什么？

18. 车门的整体定位包括（　　　　　）、（　　　　　）、（　　　　　）三项内容。
19. 什么是门页的平面定位？

20. 门页的平面跳动定位包括（　　　　　）、（　　　　　）、（　　　　　）三项内容。
21. 车门操作装置包括（　　　　　）、（　　　　　）、（　　　　　）。
22. 车门对中装置的作用是什么？

项目四　客室车门的工作原理

知识点提示

（1）车门开启条件。

（2）车门开启方式。

（3）车门有效指令条件。

（4）车门开启、关闭过程中门驱机构的运动。

客室车门由电子门控器控制，开关门指令由 VTCU 下达，经 MVB 送至电子门控器。电子门控器包括主门控器（MDCU）和本地电子门控器（LDCU）。图 3-4-1 为车辆中 MDCU 和 LDCU 的关系图。电子门控器在初次上电时会自动执行初始化程序，开启的车门会自动关闭，关闭的车门会保持关闭状态，电机码盘将记录此刻车门状态为车门的初始状态，此状态有助于判断车门开启和关闭的进程。

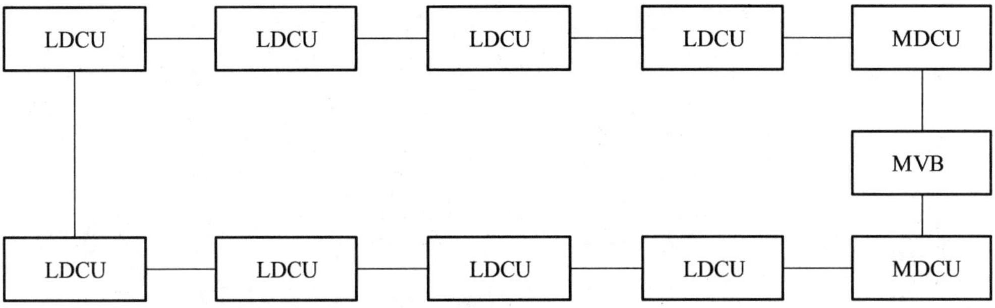

图 3-4-1　车辆中 MDCU 和 LDCU 关系图

一、车门开启

1. 车门开启的条件

一是列车发出开门指令，二是列车处于停止状态。

车门指令包括 ATC 指令和人工指令。当列车运行模式为“标准”时（见图 3-2-4），车门开启由 ATC 系统控制，车门关闭需由司机人工操作。当列车运行模式为“自动”时，车门的开启和关闭均由 ATC 系统控制。

无论是系统指令，还是人工指令，均由列车控制单元（VTCU）发送。ATC 功能起作用时，要得到一个有效的列车线开门指令，必须同时具备以下条件：

（1）ATC 已发出允许车门打开的指令（仅单侧有效）；

（2）司机开门指令已发出（开门列车线得电）；

（3）无关门指令（关门列车线断电）；

（4）没有车门优先控制指令（如门切除指令）；

（5）列车速度为零。

ATC 不起作用（车门隔离）时，要得到一个有效的列车线开门指令，只需同时具备上述（2）~（5）条件。

2. 车门开启过程

列车控制系统发出开门指令（按开门按钮或 ATC 的自动开门指令）→列车控制系统检测列车状态（确认开门条件和指令的有效性）→EDCU 接收到开门指令→EDCU 控制电路接通电机电源→电机通电并工作→锁闭装置解锁→电机通过丝杆驱动车门机构运动→门页做塞出和平移混合运动→车门开启。

车门开启过程中车门机构的运动：丝杆旋转通过螺母副、传动架使滑筒沿长导柱平行移动，滑筒的平移运动通过携门架传至门页。

车门机构的上导轨初段为圆弧形状，与携门架滚轮相互配合实现车门开启和关闭时的塞拉运动。

客室车门系统的工作原理如图 3-4-2 所示。

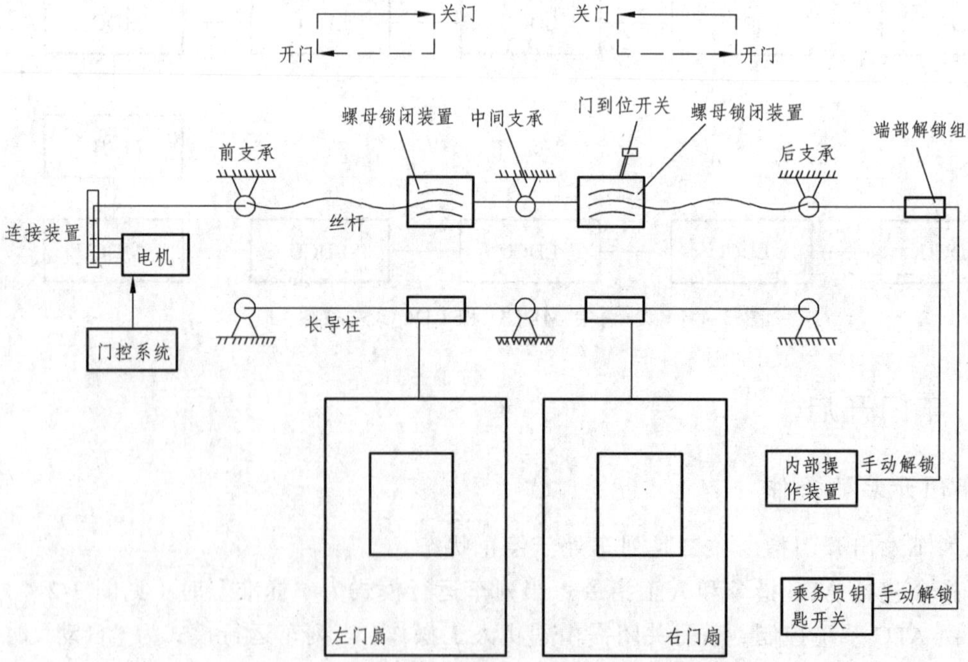

图 3-4-2　车门工作原理示意图

二、车门关闭

列车控制系统发出关门指令（按关门按钮或 ATC 的自动关门指令），EDCU 接收到关门指令→EDCU 控制电路接通电机电源→电机通电并工作→门页做平移和拉入混合运动→车门关闭。

项目测试题

1. 车门开启的条件是什么？

2. 车门的开启方式有列车运行模式为（　　　　　　）状态和列车运行模式为（　　　　　　）状态两种方式。
3. 当列车运行模式为“标准”时，车门开启由（　　　　　　）系统控制，车门关闭需由（　　　　　　）操作；当列车运行模式为“自动”时，车门的开启和关闭均由（　　　　　　）系统控制。
4. 车门指令包括（　　　　　　）指令和（　　　　　　）指令。
5. 结合图 3-4-2 说明车门开启或关闭时车门机构中各部件的运动。

项目五　客室车门的功能

知识点提示

（1）车门初始化。
（2）零速信号。
（3）车门状态与零速指令、开关门指令的关系。
（4）车门状态与指示灯显示。
（5）零速列车线有效情况下的车门解锁。
（6）零速列车线无效情况下的车门解锁。
（7）车门防夹。
（8）车门切除的操作方法。
（9）车门解锁的操作方法。

一、电子门控器的功能

接通电源可启动电子门控器。

（1）车门若处于关闭和锁紧状态，门被启动并保持关闭，同时按后续命令实现更多的功能，电子门控器记录车门的位置，并将该位置定义为门页运动的位置原点和时间原点。

（2）车门若处于开启状态，电子门控器无法监控门的位置，在零速列车线有效的情况下，门控器将执行初始化程序，车门将低速运行直到关上和锁紧位置一次。在零速列车线无效的情况下，门不动作。

（3）在第 1 次上电初始化关门的过程中障碍检测系统正常工作。

（4）通过 USB 服务接口可以将电子门控器的状态信息和诊断信息传送给使用康尼公司车门诊断软件的便携式计算机。

二、零速列车线

列车在静止状态下，门控器会接收速度传感器传来的零速信号，位于门控器内部的安全继电器被激活，零速列车线有效。激活的安全继电器接通电机的电源接线，在开门指令有效的情况下，门驱电机可以在开门方向上驱动门机构动作，车门开启。零速列车线无效时开启的车门将立即关闭。

三、开关门功能

车门开启、关闭和保持取决于零速列车线、开/关门列车线的电平。表 3-5-1 中 0 代表低电平，电压为 0；1 代表高电平，电压为 DC 110 V。

表 3-5-1　车门状态与列车线电平的逻辑关系

零速列车线	开/关门列车线	车门状态
0	0	保持
0	1	保持
1	0	关
1	1	开

1. 开　门

（1）通过激活开门列车线开门。

激活开/关门列车线，若零速列车线有效，车门将延时（0 ~ 4 s 可调）开启，并保持在这一位置，直到接收到关门指令。

如果在开门过程中开/关门列车线失电，开门顺序将转变为关门顺序，直到车门完全关闭。

（2）通过维护按钮开门。

无论开/关门列车线电平在何种状态，维修人员均可通过操作维护按钮打开相应的门，再次操作维护按钮时，开门顺序将转变为关门顺序。

2. 关　门

（1）通过激活开/关门列车线关门。

开/关门列车线失电，车门延时（0 ~ 4 s 可调）关闭。

如果在关门过程中关门列车线无效，同时开门列车线也无效，门仍然会关闭到关门终点位置。

如果在关门过程中开/关门列车线和零速列车线有效，门将执行开门动作。

（2）通过维护按钮关门。

在开门列车线无效时，可通过操作维护按钮将门关闭，再次操作维护按钮，关门顺序将转变为开门顺序。

（3）通过零速列车线无效的方式关门。

如果零速列车线失电，门立即开始关闭。

3. 再开门列车线

在关门指令发出后，若安全互锁回路信号没有给出，可通过按压“再开门”按钮以激活再开门列车线，使没有关到位的车门重新打开后再关闭，关到位的车门不动作。

四、车门状态指示功能

1. 指示灯

（1）开关门状态指示灯。

在每个客室车门的上方设有一个橙色的指示灯，如图 3-5-1 所示。

① 指示灯长亮，车门开启。

② 指示灯闪烁（1 Hz），关门已发出指令，车门即将关闭。

③ 指示灯灭，车门已关闭。

④ 关门过程中连续 3 次检测到障碍物，指示灯长亮。

（2）车门切除指示灯。

在每个车门的上方设有一个红色指示灯，该灯长亮表示车门已切除，不能操作，如图 3-5-1 所示。

图 3-5-1　车门状态指示灯

2. 蜂鸣器

在每个客室门上均设有一个蜂鸣器，当蜂鸣器鸣响时（1 Hz），表示已发出关门指令，车门即将关闭。

如果操作了紧急解锁装置，蜂鸣器将持续鸣响，复位后蜂鸣器停止鸣响。

五、紧急解锁功能

为了便于在紧急状态下打开车门，每个车门均设有紧急解锁装置，当零速列车线有效时（速度小于 1 km/h），操作紧急解锁装置将会引起：

（1）车门锁闭装置对门进行解锁；

（2）解锁行程开关 S3 动作，向电子门控器发出解锁信号；

（3）蜂鸣器持续鸣响；

（4）可通过手动在开门方向上开启车门。

当零速列车线无效时（速度大于 1 km/h），操作紧急解锁装置将会引起：

（1）车门锁闭装置对门进行解锁，但车门无法手动开启；

（2）电机在车门关闭方向施加 300 N 的力以阻止车门打开，当零速列车线有效时（速度小于 1 km/h）车门方可手动开启。

六、障碍检测功能

1. 关门过程的障碍检测

关门过程中障碍由下列系统监测：

（1）电机电流监控：门控器中存储了电机正常关门的电流曲线，关门过程中若电流峰值超过了设定值，门控器的障碍检测功能被激活。

（2）路程/时间监测：通过车门位置传感器（码盘）的检测，将门的运动分成若干个距离段，如果在给定的时间内门未通过这些距离段，障碍检测被激活。车门的路程/时间原点由车门的初始化过程确定。

如果障碍检测被激活，电机将会施加一个持续 0.5 s 的最大关门力（≤150 N）。车门停顿 0.5 s 之后将自动打开 200 mm（打开距离可调）左右，停顿 2 s 之后再次关闭，以便清除障碍物。

如果障碍物没有移开，这个循环将重复 3 次（循环次数可调），在第 3 次关门时如果障碍物还在，车门将完全开启。产生防夹的车门在下次动作时开关门速度会比其他车门慢，经过两次开关门动作后即可恢复正常。

2. 开门过程的障碍检测

开门过程也有障碍检测功能，障碍检测可被激活 6 次。开门时若有障碍，会使开门循环停止 1 s，在第 6 次开门动作之后，车门将会停在此位置并且电子门控器会认为此位置是最大可开门位置，此时任何关门指令都可关闭车门。

七、门隔离功能

车门在关闭状态下，乘务员使用钥匙操作门隔离装置可以隔离车门，车门隔离行程开关 S2 向门控器发出一个信号，电子门控器会关闭车门所有运动功能，保留故障诊断及通信功能，并使车门切除指示灯长亮。

八、单个车门电源切断功能

为方便检修，可以关闭位于驱动机构内部的电源开关 S5 切断单个车门的电源。

九、安全互锁回路

单个车门的安全互锁回路由两对触点串联而成：关到位行程开关的常闭触点和紧急解锁行程开关上的常闭触点。只有当安全互锁回路闭合时列车才能牵引，如果车门被隔离，上述两对触点将会旁通，安全互锁回路贯通。

项目测试题

1. 简述车门初始化的工作过程。

2. 列车在静止状态下，门控器会接收到（　　）传感器传来的零速信号，位于门控器内部的（　　）被激活，零速列车线有效，零速列车线无效时开启的车门将立即（　　）。
3. 车门开启、关闭和保持取决于（　　）列车线和（　　）列车线的电平。
4. 激活开/关门列车线，若零速列车线有效，车门将延时（　　），并保持在这一位置，直到接收到关门指令。
5. 开门过程中开/关门列车线失电，（　　）顺序将转变为（　　）顺序，直到车门完全（　　）。
6. 开/关门列车线失电，车门延时（　　）。
7. 关门过程中关门列车线无效，同时开门列车线也无效，门仍然会（　　）终点位置。
8. 关门过程中开/关门列车线和零速列车线有效，门将执行（　　）动作。
9. 关门指令发出后，若安全互锁回路信号没有给出，可通过按压“再开门”按钮以激活（　　）列车线，使（　　）的车门重新打开后再关闭，（　　）的车门不动作。
10. 车门提示功能包括（　　）和（　　）提示。
11. 橙色指示灯长亮，表示车门（　　），指示灯闪烁，表示（　　）已发出指令，车门即将关闭，指示灯灭，表示车门（　　），关门过程中连续3次检测到障碍物，指示灯（　　）。
12. 红色指示灯长亮表示车门已（　　），不能操作。

13. 简述零速列车线有效时，操作紧急解锁装置，车门的状态变化。

14. 简述零速列车线无效时，操作紧急解锁装置，车门的状态变化。

15. 简述车门障碍检测功能的工作过程。

16. 简述车门隔离的操作步骤。

17. 车门安全互锁回路由关到位行程开关的（　　　　）触点和紧急解锁行程开关上的（　　　　）触点串联而成。

18. 安全互锁回路闭合时列车才能（　　　　），如果车门被隔离，隔离车门的两对触点将会旁通，安全互锁回路（　　　　）。

模块四　转向架系统

项目一　转向架概述

知识点提示

（1）转向架的定义。
（2）转向架的系统组成。
（3）转向架的作用。
（4）转向架的类型。
（5）转向架主要技术参数。
（6）转向架车轮标识方法。

由轮对和构架组成的小车，称为转向架（见图 4-1-1）。转向架是支承车体并引导车辆沿钢轨运行的走行装置，转向架的性能直接关系到车辆的运行安全和乘客的舒适性。

图 4-1-1　动车转向架

转向架系统包括构架、轮对轴箱装置、一系弹簧悬挂系统、二系弹簧悬挂系统、牵引传动装置、中心牵引装置、踏面制动单元、轮缘润滑装置几部分。

一、转向架的作用

（1）车辆采用转向架是为了增加车辆的载重、长度和容积。

（2）转向架相对车体可回转，使较长的车辆能顺利通过小半径曲线。

（3）传递车体至轮轨间或轮轨至车体间的各种载荷及作用力，支撑车体。

（4）利用轮轨间的黏着，传递牵引力和制动力。

（5）便于安装弹簧减振装置，使转向架具有良好的减振特性，缓和车辆和线路间以及车辆自激引起的振动和冲击，提高车辆运行的平稳性和安全性。

（6）利用车轮轮缘、踏面与轨面间的接触关系引导车辆沿钢轨运行。

（7）便于安装牵引电机及传动装置，驱动车辆运行。

（8）便于安装踏面制动单元，为车辆提供空气制动。

二、地铁转向架种类

（1）动车转向架：安装牵引电机、齿轮箱和联轴节的转向架。

（2）拖车转向架：

① 配置轮缘润滑装置及 ATC 天线的拖车转向架（1 位端转向架）。

② 拖车转向架（2 位端转向架）。

三、转向架主要参数

最大设计速度：	90 km/h
最大运行速度：	80 km/h
转向架轴距：	2 500 mm
新轮直径：	840 mm
磨耗轮直径：	770 mm
轮对内侧距：	1 353 mm ± 2 mm
最大轴载荷：	160 kN
一系悬挂：	圆锥弹性橡胶
二系悬挂：	空气橡胶弹簧
制动：	踏面制动
轴承：	130 mm 锥形轴承单元（TBU）
拖车质量：	5 800 kg
动车质量：	7 800 kg

四、转向架、车轴及车轮标识

（1）位于车辆1位端的叫1位端转向架，位于车辆2位端的叫2位端转向架。

（2）车辆车轴编号：从1位端开始至2位端，分别叫1轴、2轴、3轴、4轴。

（3）车轮编号：以一个转向架为单位，1轴（或3轴）右边车轮为1号轮，左边车轮为4号轮；2轴（或4轴）右边车轮为2号轮，左边车轮为3号轮。

五、转向架常用缩略语

AEE：Axle End Earth（轴端接地）；

ATC：Automatic Train Control（列车自动控制）；

ATO：Automatic Train Operation（列车自动驾驶）；

BCU：Brake Control Unit（制动控制单元）；

ARB：Anti Roll Bar（抗侧滚扭杆）；

ARL：Rail Level（距轨面高度）；

ASCOC：Air Suspension Cut-Off Cock（空气悬挂切断塞门）；

TBU：Taper Bearing Unit（锥形轴承单元）。

项目测试题

1. 什么是转向架？

2. 转向架是（　　　　）车体并引导（　　　　）沿钢轨运行的走行装置，转向架的性能直接关系到车辆的（　　　　）和（　　　　）。

3. 转向架系统包括（　　　　）、（　　　　）、（　　　　）、（　　　　）、（　　　　）、（　　　　）、（　　　　）、（　　　　）几部分。

4. 转向架的作用是什么？

5. 转向架新轮直径是（　　　　）mm，磨耗轮直径是（　　　　）mm，轮对内侧距是（　　　　）mm。

6. 以一个转向架为单位，1 轴（或 3 轴）右边车轮为（　　　　）号轮，左边车轮为（　　　　）号轮；2 轴（或 4 轴）右边车轮为（　　　　）号轮，左边车轮为（　　　　）号轮。

项目二 构 架

知识点提示

（1）构架的组成。
（2）构架的结构特点。
（3）构架的作用。
（4）构架的主要结构。

一、构 架

构架是转向架的基础结构，是转向架其他部件的安装基础。构架由两根侧梁和横梁组成，呈 H 形，如图 4-2-1 所示。侧梁由钢板焊接而成，呈中空结构；横梁有箱形结构和空心管结构两种形式。

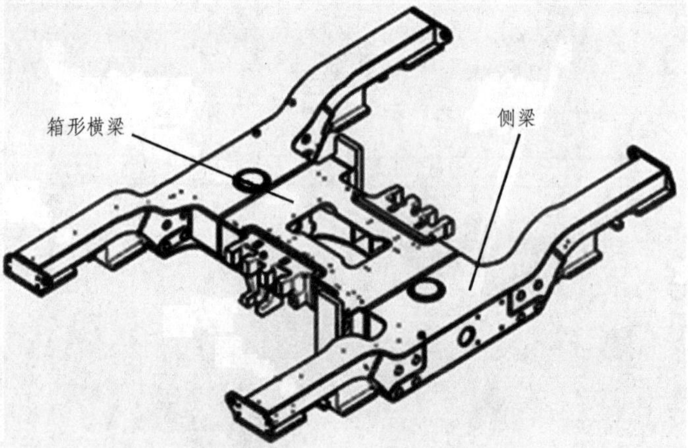

图 4-2-1 构架组成

二、构架的作用及主要机构

1. 构架的作用与要求

（1）支撑车体及乘客载荷，承受、传递各种作用力。构架要求有足够的强度。影响构架强度的因素有：材料、结构设计、制造工艺、腐蚀以及疲劳产生的裂纹。

（2）构架还是转向架其他部件的安装基础。其形状和尺寸必须满足零件安装的要求，为确保零件位置关系的准确性，构架必须具备较高的刚度。影响构架刚度的因素有：材料疲劳。

2. 构架的主要结构

构架的主要结构包括：(1) 吊环；(2) 一系弹簧安装座；(3) 二系弹簧安装座；(4) 垂向液压减振器安装座；(5) 横向液压减振器安装座；(6) 牵引电机安装座；(7) 齿轮箱固定支架安装座；(8) 制动单元安装座；(9) 中心牵引装置安装座；(10) 横向缓冲止挡安装座；(11) 高度阀安装座；(12) 抗侧滚扭杆安装座。构架结构图如图 4-2-2 和图 4-2-3 所示。

图 4-2-2　构架结构图 1

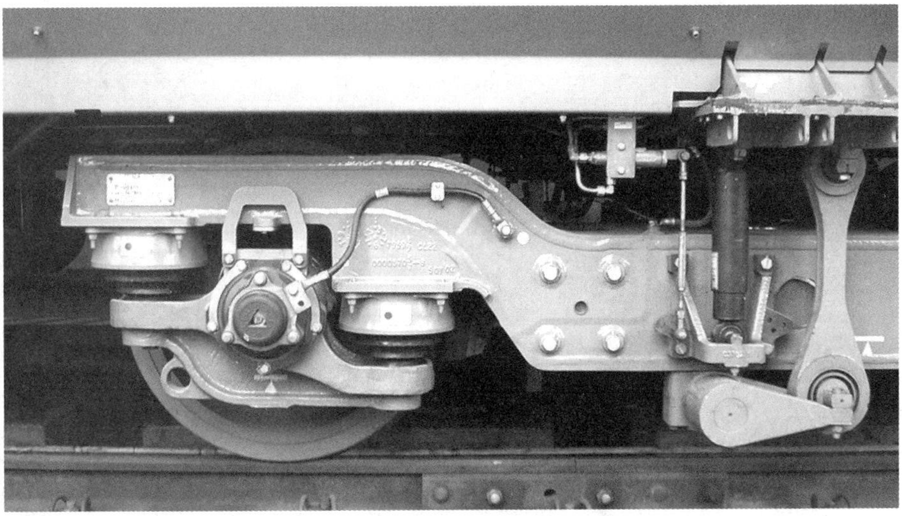

图 4-2-3　构架结构图 2

项目测试题

1. 构架由两根（　　　）和（　　　）组成。
2. 构架的结构特点是（　　　）形（　　　）构架。
3. 构架的作用是什么？

4. 在图 4-2-2 上标出构架的主要结构。

项目三　轮对轴箱装置

知识点提示

（1）轮对的组成、作用、分类。
（2）车轮各部的名称、车轮尺寸的定义。
（3）车轴各部的名称、车轴的类型。
（4）轴箱装置的组成。
（5）轴承结构、分类，轴承间隙、轴承定位。
（6）轴箱的组成和作用。

轮对轴箱装置是转向架的走行部件，由轮对和轴箱装置组成。

一、轮　对

1. 轮对的组成

轮对由一根车轴和两个同型号、同材质的车轮组成。车轮与轮座采用过盈配合装配，是组成转向架的重要部件之一。

2. 轮对的作用

（1）引导车辆沿钢轨运行，确保车辆中心沿线路中心做可控的蛇形运动；
（2）支撑转向架、车辆和乘客的质量；
（3）利用轮轨间的黏着传递牵引力和制动力。

3. 轮对的类型

轮对包括动车轮对和拖车轮对两种类型，如图 4-3-1 和图 4-3-2 所示。动车轮对的车轴上安装有齿轮箱，拖车轮对的车轴上没有安装齿轮箱。

图 4-3-1　拖车轮对

图 4-3-2　动车轮对

4. 轮对结构

（1）车轮结构。

车轮采用整体辗钢车轮和低速磨耗型踏面，具有质量轻、强度高、耐磨的特点。车轮由以下 7 个部分组成（见图 4-3-3）：

图 4-3-3　车轮结构图

① 轮辋：踏面沿径向的厚度部分。

② 辐板：连接轮辋和轮毂部分。

③ 踏面：车轮与钢轨的接触面。

④ 轮缘：内侧沿整个圆周突出的圆弧部分。

⑤ 轮毂：轮与轴相互配合的部分。

⑥ 注油孔：拆卸车轮时向孔内注入高压油，以防拉伤轴颈表面。

⑦ 车轮磨耗到限标志：用于对轮饼磨耗进行检查。

车轮的常见故障有：踏面磨耗、踏面剥离、踏面擦伤、轮缘磨耗、轮缘辗堆、轮缘锋芒。

车轮故障可以通过镟轮来修复，每次镟轮都会使车轮直径变小，镟轮的次数决定了车轮的使用寿命。

（2）车轮尺寸的定义（见图 4-3-4）。

① 轮辋宽度：车轮内侧面和外侧面之间的距离。标准车轮的轮辋宽度为 135 mm。

② 车轮直径：车轮内侧面向外 70 mm 处踏面上的点称为基点，所有基点组成的圆称为滚动圆，滚动圆直径即为车轮直径。

③ 轮缘顶点：车轮内侧面向外 16 mm 处轮缘上一点。

④ 轮缘高度测定线：过距车轮内侧面向外 48 mm 处踏面上一点划一水平线，称之为轮缘高度测定线。

⑤ 轮缘高度：由轮缘顶点到轮缘高度测定线的垂直距离。标准轮缘高度为 27 mm。

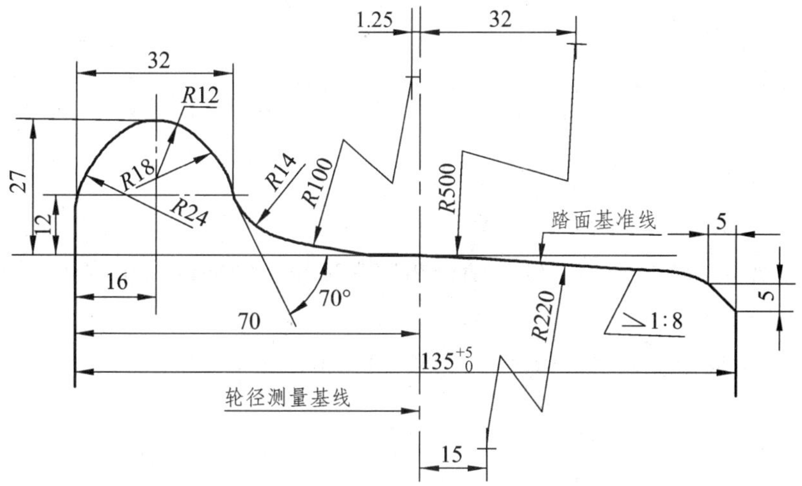

图 4-3-4　车轮尺寸定义

⑥ 轮缘厚度：由轮缘顶点垂直向下 15 mm 处做一水平线与轮缘内外侧交点的距离。标准轮缘厚度为 32 mm。

（3）车轴结构。

车轴采用优质碳素钢加热锻压成型，再经热处理（正火或正火后再回火）和机械加工制成。

① 车轴各部位名称（见图 4-3-5）。

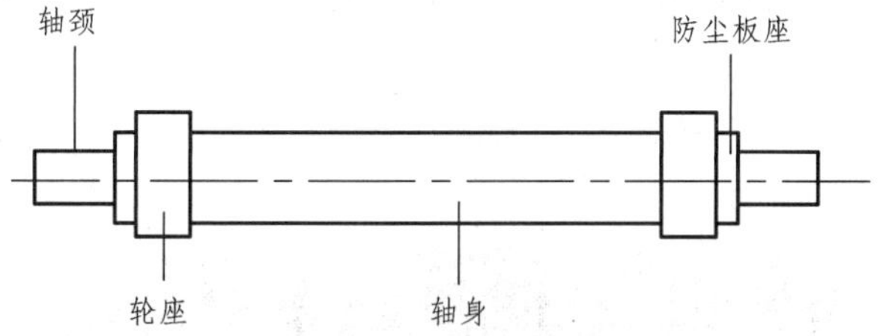

（a）拖车车轴

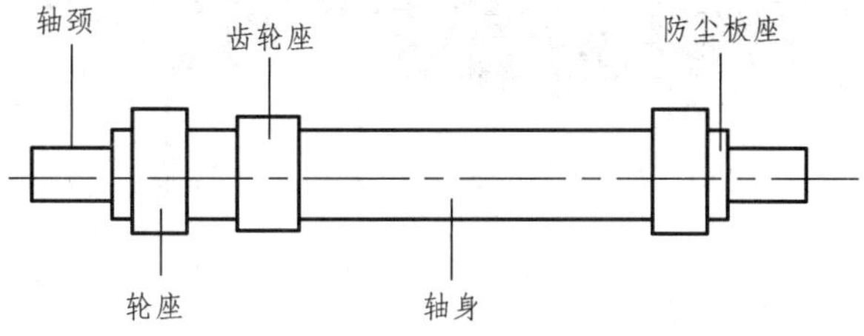

（b）动车车轴

图 4-3-5　车轴结构图

轴颈：用于轴承安装。

防尘板座：安装防尘板。

轮座：安装车轮。

轴身：是两轮座的连接部分。

齿轮座：用于安装齿轮箱大齿轮。

② 车轴的分类。

车轴分为拖车车轴和动车车轴。动车车轴与拖车车轴的区别在于动车车轴上配有安装齿轮箱的大齿轮轮座。

③ 车轴常见故障：腐蚀、裂纹、变形、轴颈损伤。

二、轴箱装置

轴箱装置由轴承和轴箱组成。

（一）轴　承

1. 轴承类型

双列圆柱滚子轴承或双列圆锥滚子轴承。

2. 轴承结构

外圈、内圈、滚子、保持架、中隔圈和密封罩组成（见图 4-3-6）。

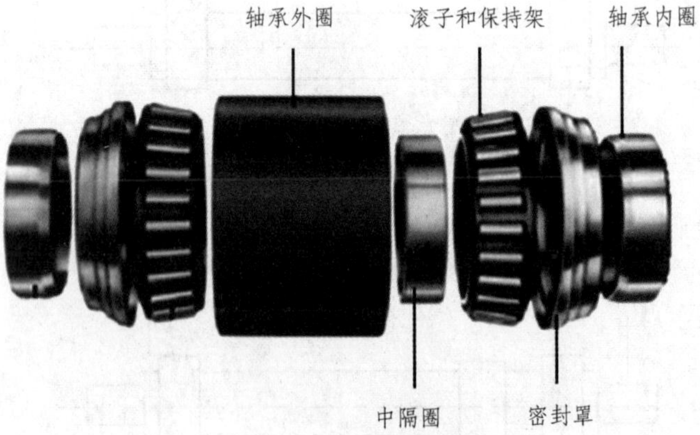

图 4-3-6　轴承结构图

3. 轴承分类

带速度传感器的轴承和不带速度传感器的轴承（见图 4-3-7）。

图 4-3-7　带速度传感器的轴承和不带速度传感器的轴承

4. 轴承的作用

（1）轴承用于车轴的旋转支撑；

（2）连接车轴与轴箱；

（3）负责车轴和轴箱间力的传递。

5. 轴承间隙

轴承间隙包括轴向间隙和径向间隙。

轴承间隙的大小直接影响到轴承的运行安全。轴承间隙大会造成轴承运行时声音和振动大，轴承间隙小会造成轴承运行时温度高。

轴承故障是造成车辆燃轴的主要原因，必须严加防范。

（二）轴　箱

轴箱通过轴承、一系弹簧连接车轴与构架，如图 4-3-8 所示。轴箱由轴箱端盖、轴箱后盖和轴箱体组成。

图 4-3-8　轴箱装置

1. 轴箱结构

轴箱结构如图 4-3-9 所示。

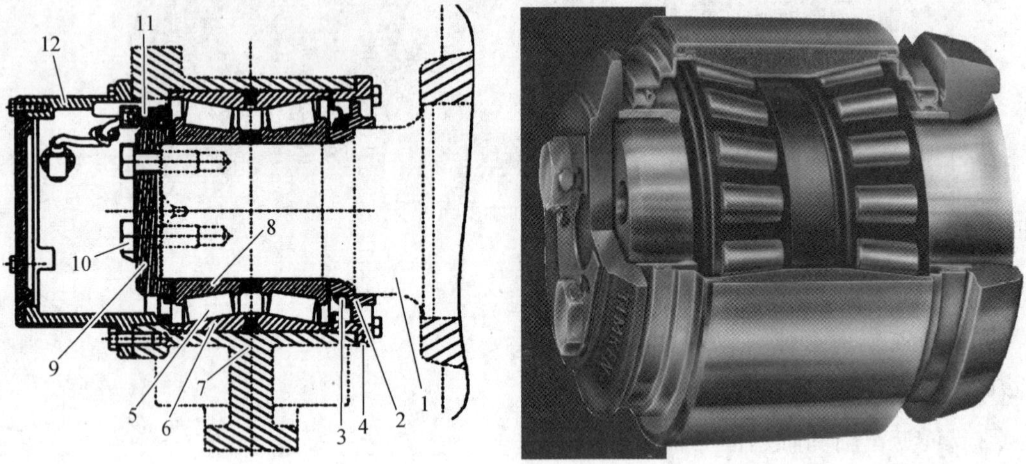

图 4-3-9 轴箱结构图

1—车轴；2—防尘挡圈；3—密封；4—轴箱后盖；5—圆锥滚子；6—轴承外圈；7—轴箱体；8—轴承内圈；9—内圈压板；10—螺栓；11—速度传感器；12—轴箱端盖

2. 轴箱的作用

（1）轴承轴向定位与密封。

轴承轴向定位指车辆运行时，轴承内圈相对车轴轴颈不允许发生轴向位移。轴承轴向定位由轴箱内侧的防尘挡圈 2 和轴颈端部的内圈压板 9 共同完成。防尘挡圈以过盈方式安装在车轴的防尘板座上，轴承安装到位后利用轴端螺栓 10 将轴承内圈压板 9 压紧轴承内圈，车辆运行时轴承内圈相对车轴轴颈不会发生轴向位移。

轴承密封是指车辆运行时，外部雨水、灰尘不能通过轴箱进入轴承，轴箱密封由轴箱后盖 4、轴箱体 7 和轴箱端盖 12 组成。

（2）支撑，负责轮对与构架间力的传递。

（3）安装一系弹簧。

（4）运动转换，把轮对的旋转运动转换成车辆沿钢轨的平行移动。

3. 轴箱外部结构

轴箱外部结构包括一系弹簧安装座、撞击止挡限位、速度传感器输出接口，如图 4-3-10 所示。

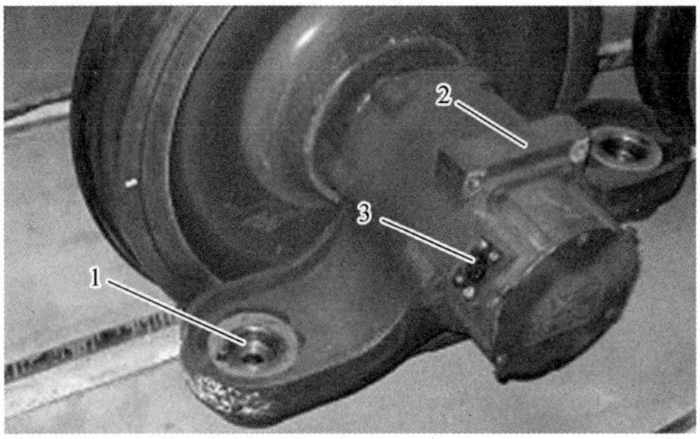

图 4-3-10　轴箱外部结构

1—一系弹簧安装座；2—撞击止挡限位；3—速度传感器输出接口

项目测试题

1. 轮对由一根（　　　　）和两个（　　　　）、（　　　　）的车轮组成。

2. 轮对的作用是什么？

3. 轮对包括（　　　　）轮对和（　　　　）轮对两种类型。

4. 在图 4-3-3 上标出车轮各部分的名称。

5. 车轮直径是如何规定的？

6. 在图 4-3-5 上标出车轴各部分的名称。

7. 车轴的类型有（　　　　）车轴和（　　　　）车轴。

8. 轴箱装置由（　　　　）和（　　　　）组成。

9. 在图 4-3-6 上标出轴承各部分的名称。

10. 轴承的类型包括（　　　　）的轴承和（　　　　）的轴承。

11. 轴承间隙包括（　　　　）间隙和（　　　　）间隙。

12. 什么是轴承定位？

13. 轴箱由（　　　　）、（　　　　）和（　　　　）组成。

14. 轴箱的作用是什么？

项目四　弹簧悬挂系统

知识点提示

（1）弹簧悬挂系统的作用、类型。
（2）一系弹簧悬挂系统的组成。
（3）一系弹簧悬挂系统的作用。
（4）锥形橡胶弹簧标识方法。
（5）二系弹簧悬挂系统的组成。
（6）二系弹簧悬挂系统的作用。

弹簧悬挂系统是转向架上重要的受力部件，能有效地传递轮轨至车体间的各种作用力，缓冲和衰减车辆运行过程中引起的振动，提高车辆运行的稳定性和乘客的舒适性。弹簧悬挂系统包括一系弹簧悬挂系统和二系弹簧悬挂系统。

一、一系弹簧悬挂系统

1. 一系弹簧悬挂系统的组成

一系弹簧悬挂系统由一系弹簧、提升止挡和撞击止挡组成，如图 4-4-1 所示。

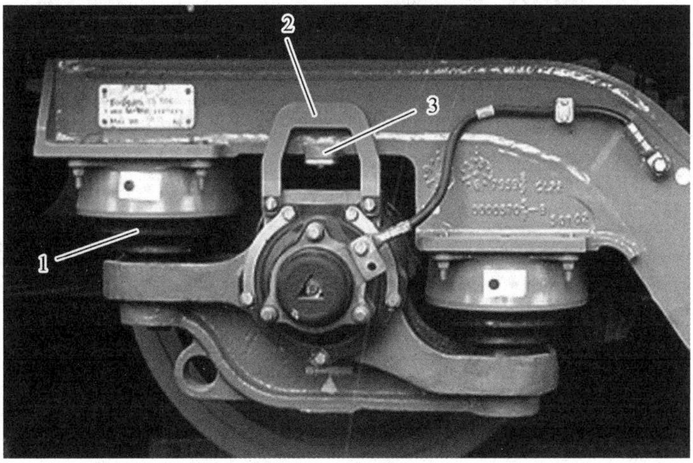

图 4-4-1　一系弹簧悬挂系统

1—一系弹簧；2—提升止挡；3—撞击止挡

2. 一系弹簧悬挂系统的作用

（1）连接轴箱与构架；

（2）传递牵引力、制动力，并承受车体垂向质量及载荷。

（3）约束轮对的运动，车辆运行时轮对在不平衡力的作用下相对构架会产生横向、纵向及垂向方向的位移，通过橡胶弹簧的变形能有效地控制位移量，从而提高车辆运行的稳定性。

（4）缓冲和吸收轮轨间的冲击振动。

（5）提升止挡和撞击止挡能限制轮对相对构架在垂向方向上的位移，防止损坏橡胶弹簧。

3. 橡胶弹簧标识

橡胶弹簧制造完成后，必须进行刚度测量，并通过颜色代码的方式将刚度测量值标注在弹簧上。颜色代码由两个直径ϕ20 mm 的圆点和 70 mm × 40 mm 的白色长方形背景组成，如图 4-4-2 所示。

图 4-4-2　一系弹簧与标识

红色（R）、黄色（Y）色点代表弹簧的名义刚度值，白色（W）、灰色（G）、黑色（B）色点代表弹簧刚度的变化范围（见表 4-4-1）。该刚度是在室温状态下，弹簧压缩量 60 mm 的静态刚度平均值。

表 4-4-1　一系弹簧刚度等级

颜色代码	弹簧名义刚度	白　色	灰　色	黑　色
红色（R）	0.75 kN/mm	0.82 ~ 0.77 kN/mm（用 W 表示）	0.77 ~ 0.72 kN/mm（用 G 表示）	0.72 ~ 0.67 kN/mm（用 B 表示）
颜色代码	弹簧名义刚度	白　色	灰　色	黑　色
黄色（Y）	0.6 kN/mm	0.67 ~ 0.63 kN/mm（用 W 表示）	0.63 ~ 0.59 kN/mm（用 G 表示）	0.59 ~ 0.55 kN/mm（用 B 表示）

4. 一系弹簧的安装要求

（1）在同一条轮对上的四个轴箱弹簧的标识必须相同。

（2）红色（R）标记弹簧用于拖车 1 位端转向架及动车转向架。

（3）黄色（Y）标记弹簧用于拖车 2 位端转向架。

（4）装配时弹簧刚度标识应朝向外侧。

（5）装配时弹簧定位销与轴箱定位孔要匹配。

二、二系弹簧悬挂系统

（一）二系弹簧悬挂系统的组成和作用

1. 二系悬挂系统的组成

二系弹簧悬挂系统由空气弹簧、高度阀、垂向液压减振器、横向液压减振器和抗侧滚扭杆组成，如图 4-4-3 所示。

图 4-4-3　二系弹簧悬挂系统

1—空气弹簧；2—高度阀；3—垂向液压减振器；4—横向液压减振器；5—抗侧滚扭杆

2. 二系弹簧悬挂系统的作用

（1）连接车体与构架。

（2）承受车体垂向质量及载荷。

（3）减振，车辆运行时轮轨间的作用力和车辆自激都会造成车体振动，二系悬挂系统能缓冲和吸收这些振动，提高车辆运行的稳定性和乘客的舒适性。

（二）空气弹簧

空气弹簧安装在构架与车体间，是二系悬挂中的支撑部件。

1. 空气弹簧的组成

空气弹簧由空气囊、应急弹簧组成，如图 4-4-4 所示。

图 4-4-4　空气弹簧

1—空气囊；2—应急弹簧

2. 空气弹簧的作用

（1）支撑车体和乘客载荷；

（2）便于保持地板高度；

（3）缓冲：车辆运行时，空气弹簧在垂向、纵向、横向方向均可发生变形，使车辆在不同的方向上具有一定的柔度，利于车辆姿态的保持；

（4）橡胶材质的空气弹簧能吸收高频振动，具有较好的隔音性能，提高了车辆运行的舒适性。

在空气囊破损的情况下，应急弹簧可以支撑车体维持车辆安全运行。

（三）高度阀

1. 高度阀的组成（见图 4-4-3）

高度阀由阀体、水平杆、垂直杆组成。

2. 高度阀的作用

控制空气弹簧的充放气，以补偿乘客质量变化引起的地板高度差，使车辆地板高度差控制在 ± 10 mm 范围内，每车高度阀的作用应相互独立。

3. 高度阀的工作原理

（1）充风。

乘客质量增加时，车体高度下降，带动高度阀下降，高度阀上的水平杆向上移动，高度阀内部的进气通道开启，空气弹簧储风缸的压缩空气进入空气弹簧辅助风缸，并向空气弹簧充风，车体升高，高度阀水平杆趋于水平，进气通道关闭。

（2）保压。

车体高度在稳定状态下，进、排气通道关闭，没有压缩空气进、出空气弹簧辅助风缸。

（3）排气。

乘客质量减小时，车体高度升高，带动高度阀上升，高度阀上的水平杆下降，高度阀内部排气通道开启，空气弹簧内的压缩空气经高度阀上的排气口排向大气，车体高度逐渐下降，高度阀水平杆趋于保压位置，排气阀关闭。

（四）液压减振器

液压减振器和空气弹簧节流阀属于二系悬挂系统的减振元件。液压减振器内部充满油液，当车辆发生振动时，液压减振器被压缩或拉伸，油液在内部的节流孔中流过，产生流动阻力，吸收振动能量，恢复车辆稳定。

（五）抗侧滚扭杆

1. 抗侧滚扭杆的组成

抗侧滚扭杆由垂向连接杆、转臂和扭杆组成，如图 4-4-5 所示。

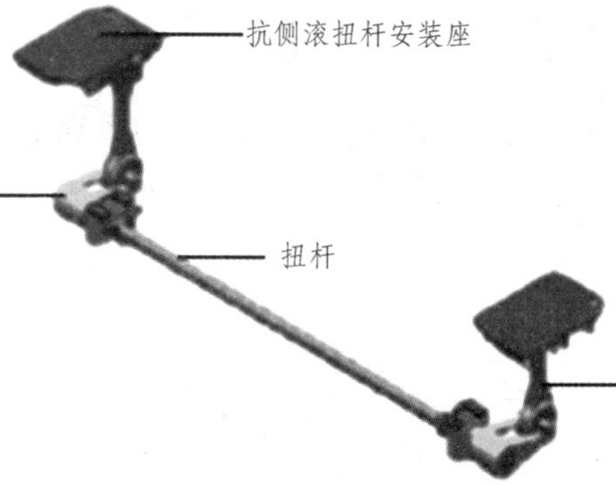

图 4-4-5　抗侧滚扭杆

2. 抗侧滚扭杆的作用

抗侧滚扭杆用于控制车辆运行中的侧向滚动。

3. 抗侧滚扭杆的工作原理

当车辆发生侧滚时，一侧的垂向连接杆向下移动，另一侧的垂向连接杆向上移动，垂向连接杆的上下移动通过转臂使扭杆发生扭曲变形，扭杆的这种形变形成的反作用力能对车辆的侧滚形成有效的控制，从而保持车辆运行稳定。

项目测试题

1. 弹簧悬挂系统是转向架上重要的受力部件，能有效地传递（　　　　）至（　　　　）间的各种作用力，（　　　　）和（　　　　）车辆运行过程中引起的振动，提高车辆运行的（　　　　）和乘客的（　　　　）。弹簧悬挂系统包括（　　　　）弹簧悬挂系统和（　　　　）弹簧悬挂系统。
2. 一系弹簧悬挂系统由（　　　　）弹簧、（　　　　）和（　　　　）组成。
3. 一系弹簧悬挂系统的作用是什么？

4. 一系弹簧标识由（　　　　）代码和白色（　　　　）背景组成。
5. 二系弹簧悬挂系统由（　　　　）、（　　　　）、（　　　　）、（　　　　）和（　　　　）组成。
6. 空气弹簧由（　　　　）、（　　　　）组成。
7. 高度阀由（　　　　）、（　　　　）、（　　　　）组成。
8. 抗侧滚扭杆由（　　　　）连接杆、（　　　　）和（　　　　）组成。
9. 空气弹簧的作用是什么？

10. 高度阀的作用是什么？

11. 液压减振器为什么能吸收振动?

12. 抗侧滚扭杆的作用是什么?

13. 简述抗侧滚扭杆的工作原理。

项目五　牵引传动装置

知识点提示

（1）牵引传动装置的组成。
（2）牵引电机的作用。
（3）齿轮传动装置的组成。
（4）齿轮箱的组成。
（5）牵引传动装置的工作原理。

地铁列车属于动力分散型电动车组，牵引电机分散安装于各动车转向架，每个动车转向架安装两台牵引电机，分别驱动两根车轴。地铁车辆的驱动方式属于轴驱动。

牵引传动装置包括牵引电机、联轴节和齿轮箱（见图 4-5-1）。

一、牵引电机

牵引电机的作用是，驱动车辆运行，为车辆提供电制动。牵引电机由牵引控制单元（DCU）控制，牵引逆变器（MCM）供电，通过调节供电电压和频率来控制电机的转速。根据列车运行的需要，牵引电机有牵引和制动两种工作模式。

1. 牵引电机的主要技术参数

型号：	4EBA4040
电压：	1 150 V
功率：	220 kW（持续制）
转速：	1 708 r/min
最大转速：	3 690 r/min（最小轮径下）
额定电流：	130 A
质量：	685 kg
冷却方式：	自然冷却

2. 牵引电机的检查与维护

（1）各固定连接件无松动；

（2）外观清洁，无灰尘、油渍；

（3）定期清洗冷却风道滤网；

（4）接线盒密封良好，内部接线线标清晰，接线柱无烧损痕迹；

（5）电机运转平稳无异响，轴承温度正常；

（6）定期检查电机绝缘；

（7）定期对电机进行耐压试验。

二、齿轮传动装置

齿轮传动装置包括联轴节和齿轮箱，如图 4-5-2 所示。联轴节用于连接牵引电机与齿轮箱，齿轮箱壳体内装有小齿轮和大齿轮，大齿轮固定在车轴的齿轮座上，电机的运动经联轴节传至齿轮箱小齿轮，小齿轮通过大齿轮带动车轴运动，使电机的扭矩转化为轮对上的转矩，利用轮轨间的黏着，驱动车辆沿着钢轨运行。

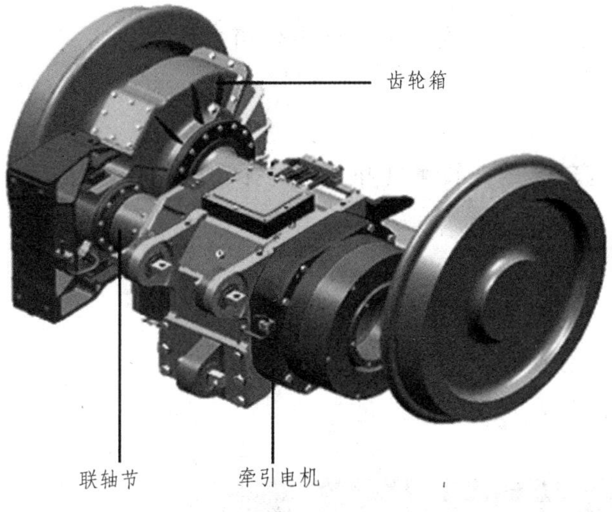

图 4-5-1　牵引电机与齿轮传动装置

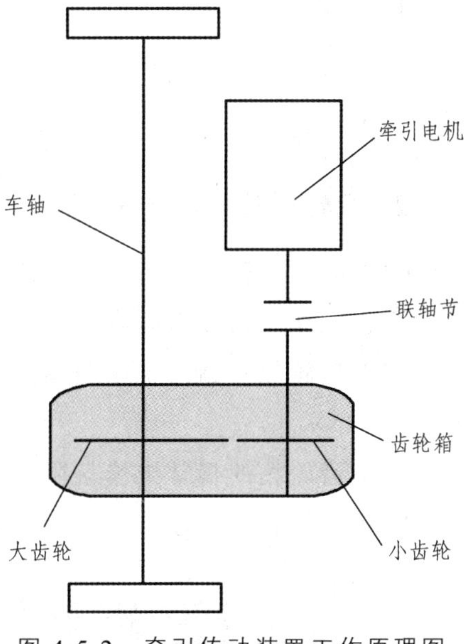

图 4-5-2　牵引传动装置工作原理图

（一）联轴节

联轴节用于电机轴与齿轮箱小齿轮轴的连接，将电机的运动传递给小齿轮，如图 4-5-3 所示。由于车辆运行中轮对的振动，以及一系弹簧的弹性变形和蠕变，电机轴中心、联轴节中心和小齿轮中心不可能总是位于同一直线上，联轴节的内箍齿轮外齿具有一定的弧度，在联轴节两端产生偏移时仍能正常传动。

联轴节内部通过油脂润滑，工作条件复杂，油脂会逐渐变稀直至甩出，检查维护中发现联轴节漏油说明联轴节油脂已失效，必须重新加注润滑脂。

图 4-5-3　联轴节

（二）齿轮箱

1. 齿轮箱的功能

（1）齿轮传动装置是一减速机构，能传递牵引力和制动力。

（2）齿轮箱通过 C 形支架固定在构架上，具有支承和调节齿轮箱高度的功能。

2. 齿轮箱的结构与安装

（1）齿轮箱箱体由铝合金制成，具有较高的扭转刚度和良好的振动性能，能保证齿轮的平稳工作。通过箱体内的油槽向滚柱轴承供油。通过视液镜检查齿轮箱中的油量。

（2）齿轮箱一端安装在车轴上，另一端通过 C 形支架固定在构架上，如图 4-5-4 所示。

（3）齿轮箱的日常维修仅限于检查和更换润滑油。

（4）齿轮箱采用迷宫式密封，防止漏油及灰尘和水的进入。

图 4-5-4　齿轮箱安装示意图

项目测试题

1. 牵引传动装置由（　　　　）、（　　　　）和（　　　　）组成。
2. 牵引电机的作用是（　　　　）车辆运行，为车辆提供（　　　　）。牵引电机由（　　　　）控制，（　　　　）供电。
3. 牵引电机通过调节供电（　　　　）和（　　　　）来控制电机的转速。根据列车运行的需要，牵引电机有（　　　　）和（　　　　）两种工作模式。
4. 齿轮传动装置包括（　　　　）和（　　　）。
5. 联轴节的作用是连接（　　　　）与（　　　　）。
6. 齿轮箱由（　　　　）、（　　　　）和（　　　　）组成。
7. 结合图 4-5-2 说明牵引传动装置的工作原理。

项目六　中心牵引装置

知识点提示

（1）中心牵引装置的作用。
（2）中心牵引装置的组成。
（3）中心销的作用。
（4）牵引拉杆的作用。

中心牵引装置用于转向架与车体的结构性连接，传递牵引力和制动力，支持车体相对转向架的回转运动，并在架车时悬吊转向架。中心牵引装置由中心销系统和牵引拉杆系统组成，如图 4-6-1 所示。

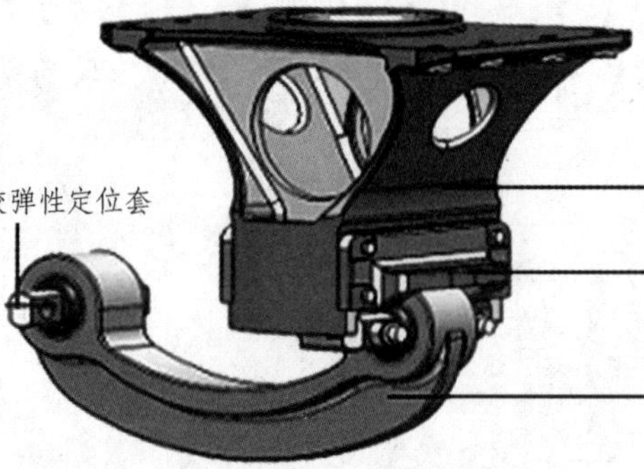

图 4-6-1　中心牵引装置

一、中心销系统

1. 中心销系统的组成

中心销系统包括中心销、提升止挡和异常提升止挡。

2. 安装关系

（1）中心销通过螺栓安装在车体的枕梁模块上；
（2）中心销通过弹性橡胶定位套与牵引拉杆相连接。

3. 中心销的作用

（1）连接车体与牵引拉杆；
（2）传递牵引力和制动力；
（3）架车作业时提升止挡可以悬吊转向架，防止转向架与车体分离；
（4）异常提升止挡能防止空气弹簧过充造成的损坏。

二、牵引拉杆系统

1. 牵引拉杆系统的组成

牵引拉杆系统包括牵引拉杆和弹性橡胶定位套（见图 4-6-1）。

2. 安装关系

牵引拉杆通过弹性橡胶定位套连接构架和中心销。

3. 牵引拉杆的作用

（1）连接构架与中心销，传递牵引力和制动力；
（2）弹性橡胶定位套允许车体相对转向架有横向、垂向、偏转及倾斜运动，但限制车体与转向架间的纵向位移。

三、横向弹性橡胶止挡

在构架侧梁和中心销之间设有横向橡胶缓冲止挡（见图 4-6-2），用于限制车体的横向位移，防止牵引拉杆弹性定位套和空气弹簧、高度阀、液压减振器、抗侧滚扭杆因过大的横向位移造成损坏。

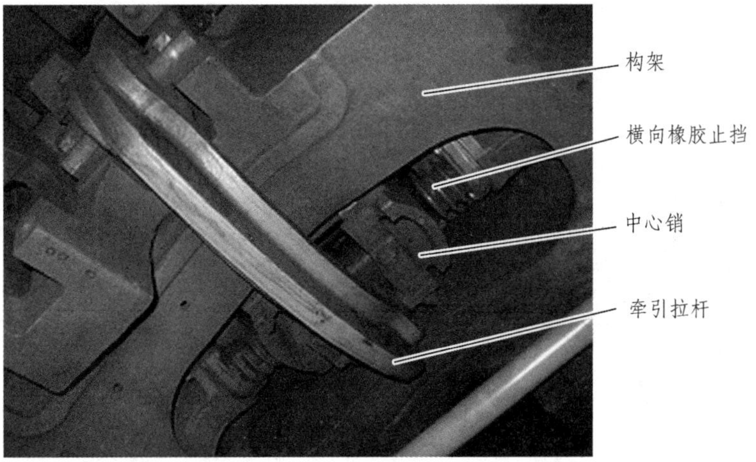

图 4-6-2　横向弹性橡胶止挡

横向弹性橡胶止挡在极端情况下加强了车辆的横向刚度，便于提高车辆弯道运行的稳定性。

项目测试题

1. 中心牵引装置用于（　　　　）与（　　　　）的结构性连接，传递（　　　　）力和（　　　　）力。
2. 中心牵引装置由（　　　　）系统和（　　　　）系统组成。
3. 中心销系统包括（　　　　）、（　　　　）和（　　　　）。
4. 牵引拉杆系统包括（　　　　）和（　　　　）。
5. 牵引拉杆的作用是什么？
6. 在构架（　　　　）和（　　　　）之间设有横向橡胶缓冲止挡，用于限制车体的（　　　　）位移。

项目七　轮缘润滑装置

知识点提示

（1）轮缘润滑装置的作用。

（2）轮缘润滑装置的组成。

（3）轮缘润滑装置的工作原理。

为了减小轮缘和轨道之间的磨损，降低车辆通过曲线时的噪声，减少镟轮次数，延长车轮及钢轨的使用寿命，地铁列车在部分车辆上安装了轮缘润滑装置。

一、轮缘润滑装置的组成

轮缘润滑装置由油箱、喷油泵（气动）、油气混合块、过滤器、油气分配器、软管、喷嘴、电控装置等组成，如图 4-7-1 所示。

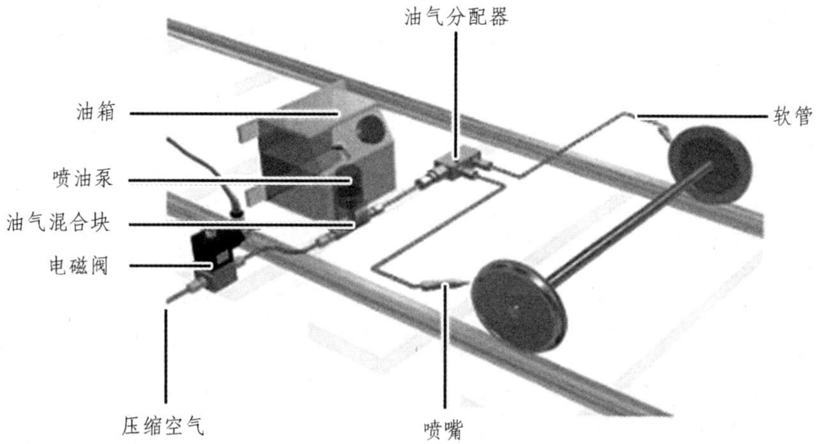

图 4-7-1　轮缘润滑装置

二、轮缘润滑装置的工作原理

（1）车辆速度大于 5 km/h 时，轮缘润滑系统被激活。

（2）电控系统计时器按设定的时间间隔（90 s）打开电磁阀。

（3）压缩空气经电磁阀一路通往油箱，驱动喷油泵，油泵在压缩空气的作用下准确地运行一个行程，将定量轮缘润滑油（大约 0.25 mL）送至油气混合块。

（4）另一路压缩空气通往油气混合块与油泵喷出的润滑油形成油气混合物送至油气分配器中。

（5）分配器中的油气混合物分两路通过软管输送到两个喷嘴，喷射至轮缘根部。

（6）喷射持续时间由计时器进行控制，设定为 6 ~ 10 s（可调）。

项目测试题

1. 结合图 4-7-1 说明轮缘润滑系统的部件组成。

2. 轮缘润滑装置的作用是什么？

3. 简述轮缘润滑系统的工作原理。

项目八 转向架上力的传递

知识点提示

（1）车辆振动的原因。

（2）车辆振动的形式。

（3）车辆振动的抑制。

车辆运行时由于线路的不平顺、轮轨间的相互作用以及车辆自激均会造成车辆各部分受到不同类型的作用力，在这些不平衡力的作用下会造成车辆振动，如果这些振动得不到有效的控制，会导致车辆损伤、乘客的舒适性降低，危及列车运行的安全，严重时还会导致列车脱轨颠覆。

一、转向架上的力传递

1. 垂向力

垂向力包括车辆自重和乘客载荷，自上向下传递。

传递路径：车体→空气弹簧（二系悬挂）→构架→轴箱弹簧（一系悬挂）→轴箱→轴承→车轴→车轮→钢轨。

2. 纵向力

纵向力包括牵引力、制动力以及列车运行时由于速度的变化产生的冲击力。

纵向力的传递路径如下：

（1）对于动车转向架，列车牵引力、电制动力的传递路径：电机→联轴节→小齿轮→大齿轮→车轴→车轮→钢轨；钢轨→车轮→车轴→轴承→轴箱→一系弹簧→构架→牵引拉杆→中心销→车体。

（2）空气制动力的传递路径：制动单元闸瓦→车轮→车轴→轴承→轴箱→一系弹簧→构架→牵引拉杆→中心销→车体。

（3）对于拖车转向架，纵向力（包括牵引力和制动力）则通过车钩自上而下传递。传递路径：车钩→车体→中心销→牵引拉杆→构架→一系弹簧→轴箱→轴承→轮对。

3. 横向力

传递路径：钢轨→车轮→车轴→轴箱→一系弹簧→构架→车体。

二、车辆振动的形式

车辆振动的形式有：纵向伸缩、点头、摇头、车辆侧滚、侧摆和浮沉 6 种形式，如图 4-8-1 所示。

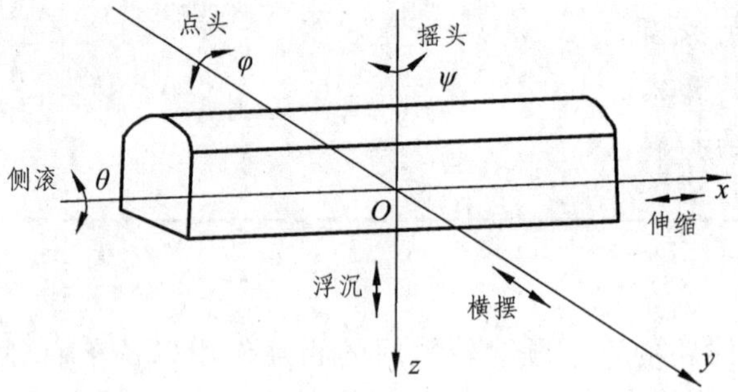

图 4-8-1　车辆的振动形式

（1）伸缩：沿 x 轴的纵向振动。

（2）浮沉：沿 z 轴的上下振动。

（3）横摆：沿 y 轴的振动。

（4）侧滚：在横断面内的转动。

（5）摇头：沿水平面的转动。

（6）点头：在纵向立面中的转动。

列车的运行速度不同，车辆的振动形式、强度也不一样，转向架的结构和悬挂系统的要求也不一样。

三、车辆振动的控制

1. 车辆垂向振动的控制

一系悬挂中的叠层橡胶弹簧能缓冲、吸收来自车辆垂向方向的振动。

二系悬挂中的空气弹簧和垂向油压减振器能缓冲和吸收来自车辆垂向方向的振动。

2. 车辆纵向振动的抑制

车钩缓冲装置、一系弹簧、二系空气弹簧能有效地控制车辆的纵向振动。

3. 车辆横向振动的抑制

一系弹簧、二系空气弹簧、横向油压减振器和抗侧滚扭杆能有效地控制车辆的横向振动。

项目测试题

1. 造成车辆振动的原因包括线路的（　　　　）、（　　　　）间的相互作用以及车辆（　　　　）。
2. 车辆振动的形式有（　　　　）、（　　　　）、（　　　　）、（　　　　）、（　　　　）和（　　　　）6 种形式。
3. 简述转向架上与抑制车辆振动相关的结构。

4. 结合转向架结构图，描述垂向力、纵向力和横向力在转向架各部件间传递的路径。

模块五　车钩系统

项目一　车钩缓冲装置概述

知识点提示

（1）车钩缓冲装置的作用。

（2）车钩缓冲装置的类型。

（3）车钩特性。

（4）车钩接口。

车钩缓冲装置用来连接列车中相邻各车辆，使车辆与车辆间保持一定的距离，传递列车运行中或调车时产生的纵向力，缓冲和吸收列车运行时的纵向冲击振动。

一、车钩类型

地铁车辆采用密接式车钩。车钩类型有全自动车钩、半自动车钩和半永久牵引杆 3 种类型。不同类型车钩在列车中的分布如图 5-1-1 所示。

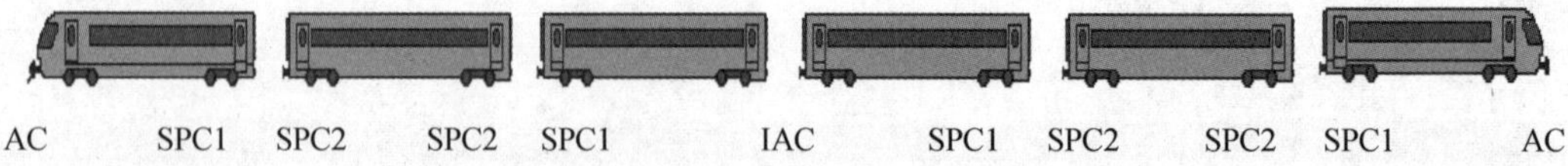

图 5-1-1　不同类型的车钩在列车中的分布

图中，AC 表示全自动车钩（压溃管长度 150 mm）；SPC1 表示半永久牵引杆 1（压溃管长度 150 mm）；SPC2 表示半永久牵引杆 2（刚性连接杆）；IAC 表示半自动车钩（压溃管长度 100 mm）。

二、车钩特性

车钩特性指车钩连挂和解钩过程的作业方式。车钩连挂是将两个分离的车钩连接在一起的作业过程。车钩的连接包括机械连接、电气连接和气路连接。车钩解钩是将两个连接好的车钩分开的作业过程，车钩解钩包括机械分离、电气分离和气路分离。

图 5-1-2 是半自动车钩上的机械连接装置（机械车钩）、电气连接装置（电子车钩）和气路连接装置位置关系图。表 5-1-1 为不同类型车钩的连挂、解钩特性。

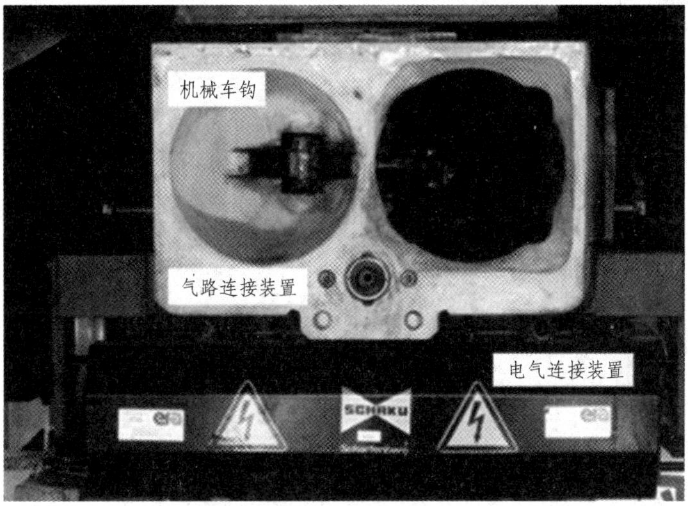

图 5-1-2　车钩连接装置

表 5-1-1　不同类型车钩的连挂、解钩特性

车钩类型	机械连接装置		气路连接装置		电气连接装置	
	连挂	解钩	连挂	解钩	连挂	解钩
全自动车钩	自动	自动（手动）	自动	自动	自动	自动
半自动车钩	自动	自动（手动）	自动	自动	手动	手动
半永久牵引杆	手动	手动	手动	手动	手动	手动

三、车钩技术参数

1. 全自动车钩

压缩强度（屈服强度）:	1 250 kN
拉伸强度（屈服强度）:	850 kN
水平摆角：	最大 ± 45°
竖直摆角：	最小 ± 6°
水平方向接合范围：	± 170 mm
竖直方向接合范围：	± 90 mm

2. 半自动车钩

压缩强度（屈服强度）：　　1 250 kN
拉伸强度（屈服强度）：　　850 kN
水平摆角：　　最大 ± 45°
竖直摆角：　　最小 ± 6°

3. 半永久牵引杆

压缩力（屈服强度）：　　1 250 kN
拉伸力（屈服强度）：　　850 kN
牵引杆的最大摆度
水平：　　约 ± 45°
垂直：　　约 ± 6°

4. 橡胶缓冲装置

缓冲行程：　　约 55 mm
牵引行程：　　约 40 mm

四、车钩缓冲装置与车辆其他部分接口

1. 车钩与车体底架接口

通过 4 个螺栓（M25）将车钩缓冲装置安装座固定在车体底架的牵引梁模块上。

2. 车钩与贯通道的接口

半自动车钩、半永久牵引杆上均有贯通道支撑板，用于车辆运行过程中和解钩后支撑贯通道。支撑件可以承受车辆满负荷运行时贯通道所承受的载荷。

3. 车钩与供风系统的接口

车钩气路连接装置通过软管连接车辆系统的主风管，在软管与主风管间安装截断塞门 W27；只需关闭 W27，即可断开车钩与供风系统的连接。

4. 车钩与车辆电气系统的接口

车钩上均装有电气连接装置，车钩电气连接装置通过柔性电缆连接车辆电气系统。

项目测试题

1. 车钩缓冲装置的作用是什么？

2. 车钩缓冲装置由（　　　　）、（　　　　）和（　　　　）组成。

3. 车钩有（　　　　）、（　　　　）和（　　　　）三种类型。

4. 在图 5-1-1 上标出不同类型车钩的名称。

5. 车钩特性指车钩（　　　　）和（　　　　）过程的作业方式。

6. 简述全自动车钩的车钩特性。

7. 车钩缓冲装置与车辆其他部分接口包括（　　　　）、（　　　　）、（　　　　）、（　　　　）。

项目二　车钩缓冲装置的部件组成

知识点提示

（1）车钩缓冲装置部件的名称。
（2）车钩缓冲装置各部件的功能。
（3）缓冲装置的作用。
（4）车钩调节。

一、车钩缓冲装置的组成

车钩的组成如图 5-2-1 和表 5-2-1 所示。

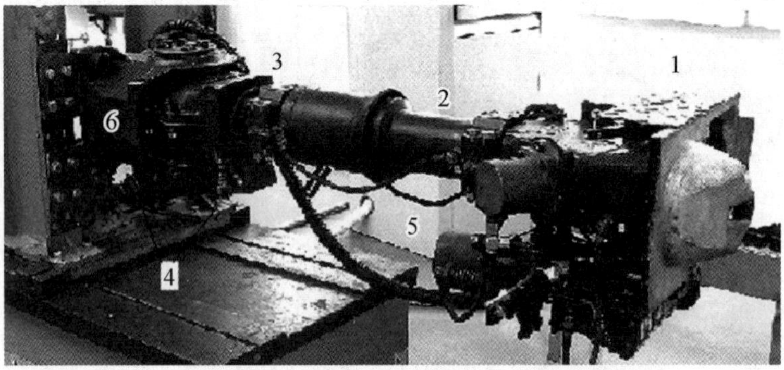

图 5-2-1　车钩缓冲装置的部件组成

表 5-2-1　车钩缓冲装置的部件组成

序号	名　称	功　能
1	钩头	相邻车辆间的连接
2	车钩杆	连接钩头与缓冲器
3	橡胶缓冲装置	缓冲吸收车辆纵向振动
4	车钩调节装置	车钩位置调节
5	车钩接地装置	导流
6	安装座	连接车钩与车体

二、车钩的功能

1. 钩　头

钩头用于相邻车辆间的连接，由机械车钩、电子车钩、气路连接装置组成。

（1）机械车钩属于车辆的结构性连接装置，用于车辆间纵向力的传递。

全自动车钩和半自动车钩的机械车钩采用完全相同的结构；半永久牵引杆的机械连接采用相对简单的“锥体+抱箍”方式连接。

（2）电子车钩用于车辆与车辆间的电气连接，全自动车钩、半自动车钩的电子车钩结构相似，触点数量不同，触点类型包括供电类、控制类和通信类触点。半永久牵引杆的电气连接采用“电气连接箱+跨接电缆”方式连接。

（3）气路连接装置用于连通相邻车辆的主风管，全自动车钩、半自动车钩的气路连接装置结构相同，车钩无论在连挂还是解钩状态均可实现气路密封。半永久牵引杆的气路连接装置比较简单，解钩状态下无法实现气路密封。

2. 车钩杆

车钩杆通过抱箍连接钩头与缓冲器，确保相邻车辆的间距。车钩杆分为带压溃管的车钩杆和不带压溃管的车钩杆两种形式。

3. 缓冲装置

缓冲装置能缓冲、吸收列车的纵向振动。

车钩缓冲装置由橡胶缓冲装置、可压溃管和过载保护装置组成。过载保护装置仅安装在全自动车钩上。

4. 车钩调节装置

车钩调节装置用来调节车钩的位置。车钩的位置调节包括车钩对中调节、车钩水平调节和车钩垂直调节。

5. 车钩接地装置

车钩接地装置能引导电流，使非导电元件旁路。接地线束由直径为 50 mm 的电缆组成，接地线束位于钩头和支承座之间、电子车钩和钩头之间。

6. 安装座

车钩通过安装座固定在底架的牵引梁模块上。

图 5-2-2 ~ 5-2-4 分别为全自动车钩、半自动车钩、半永久牵引杆的配置。

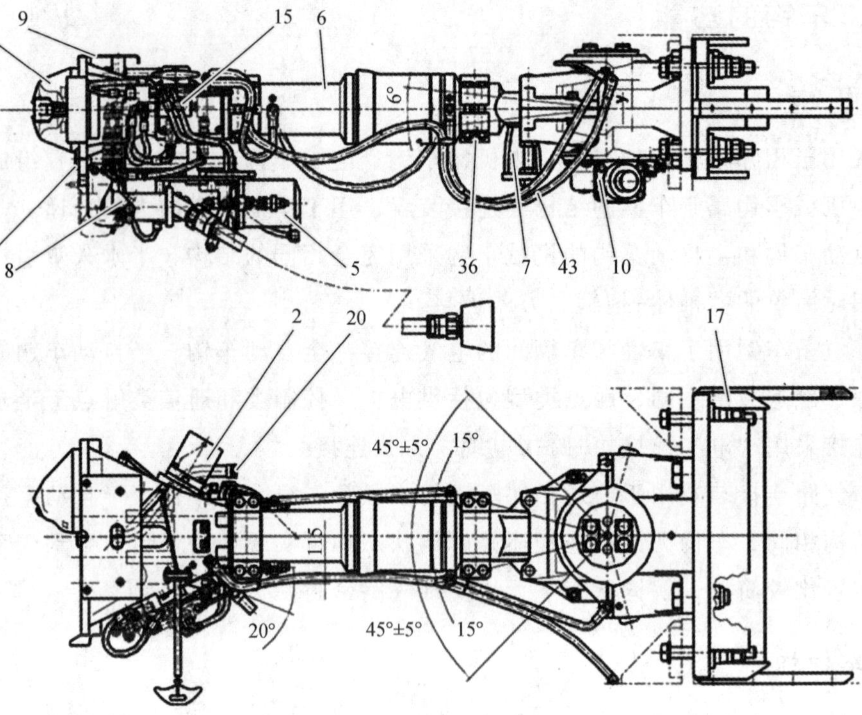

图 5-2-2　全自动车钩

1—机械车钩；2—解钩气缸；4—气路连接装置；5—电子车钩驱动气缸；6—车钩杆；7—车钩调节装置；8—电子钩头；9—盖板；10—车钩对中装置；15—无名阀；17—过载保护装置；20—接口；36—抱箍；43—接地线

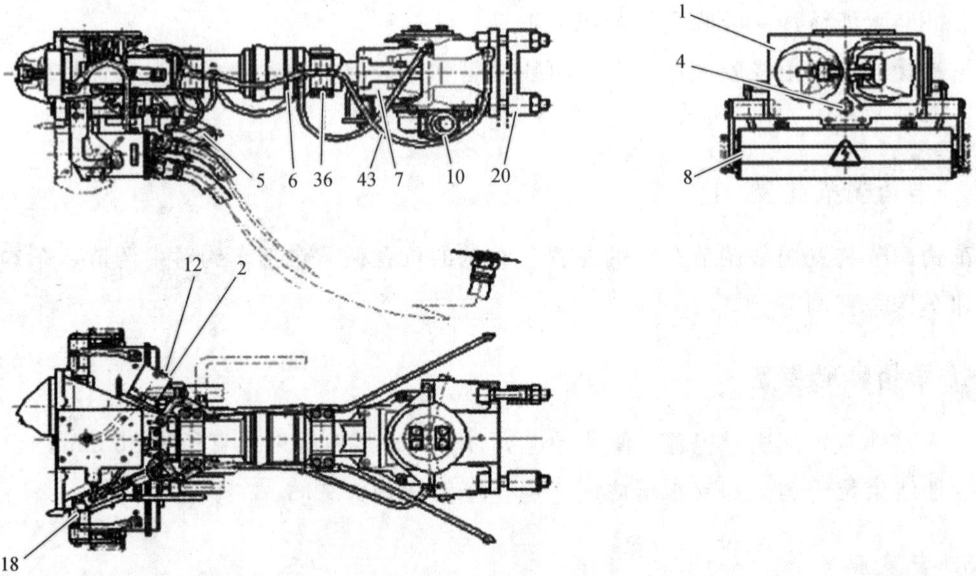

图 5-2-3　半自动车钩

1—机械车钩；2—解钩气缸；4—气路连接装置；5—电子钩头操作装置；6—压溃管；7—橡胶缓冲装置；8—电子车钩；10—对中装置；12—连接装置；18—传感器接线盒；36—抱箍；43—接地线

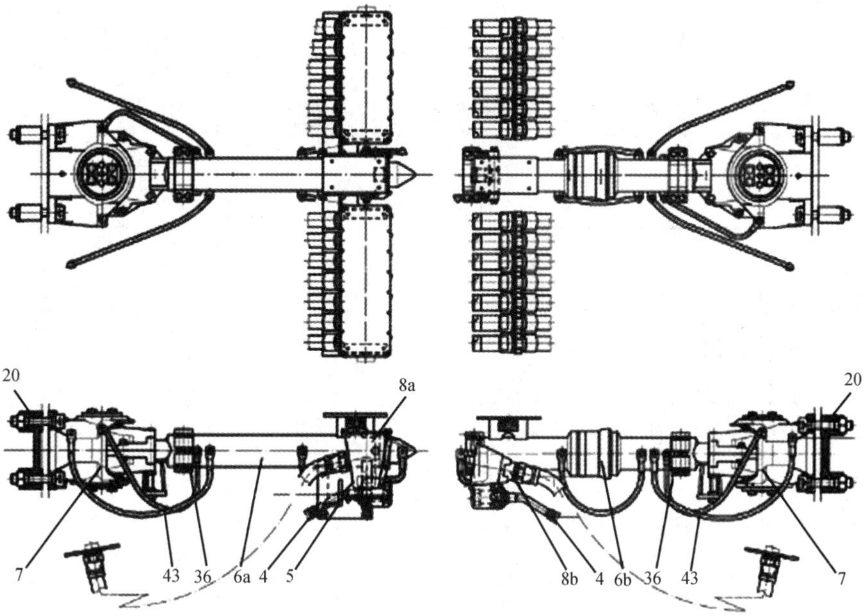

图 5-2-4　半永久牵引杆

4—风管连接；5—支架；6a—车钩杆；6b—可压溃管；7—橡胶缓冲装置；8a—电气箱；8b—跨接电缆；20—螺栓；36—抱箍；43—接地装置

项目测试题

1. 在图 5-2-1 上标出车钩组成部件的名称。
2. 钩头用于相邻车辆间的（　　　），由（　　　）车钩、（　　　）车钩、（　　　）组成。
3. 全自动车钩和半自动车钩的机械车钩采用（　　　）的结构；半永久牵引杆的机械连接采用相对简单的“（　　　）”方式连接。
4. 全自动车钩和半自动车钩的电子车钩结构（　　　），触点数量不同，触点类型包括（　　　）类、（　　　）类和（　　　）类触点；半永久牵引杆的电气连接采用“（　　　）”方式连接。
5. 气路连接装置用于连通相邻车辆的（　　　）。
6. 车钩杆通过抱箍连接（　　　）与（　　　），确保相邻车辆的（　　　）。车钩杆分为（　　　）的车钩杆和（　　　）的车钩杆两种形式。
7. 缓冲装置能（　　　）、（　　　）列车的纵向振动。
8. 车钩的位置调节包括车钩（　　　）、车钩（　　　）调节和车钩（　　　）调节。
9. 利用图 5-2-2～5-2-4 找出你认识的车钩部件。

项目三 机械车钩的结构原理

知识点提示

（1）机械车钩的结构。

（2）机械车钩零件的安装、运动关系。

（3）机械车钩的连挂过程。

（4）解钩装置。

（5）机械车钩的解钩过程。

全自动车钩和半自动车钩上的机械车钩结构相同。机械车钩通过车辆的相互撞击来实现连挂，操作解钩按钮通过解钩装置的动作可实现解钩。机械车钩的结构如图 5-3-1 所示。

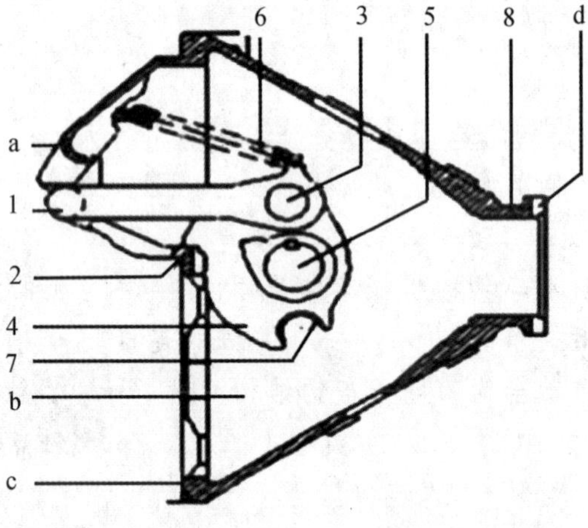

图 5-3-1 机械车钩结构图

a—外锥体；b—内锥体；c—车钩面；d—套管连接箍；1—连接杆；2—止挡；3—连接杆销；4—钩板；5—中心销；6—张力弹簧；7—钩板凹槽；8—钩头箱体

一、机械车钩零件的安装及运动关系

（1）钩板 4 安装在中心销 5 上，可以随中心销转动，钩板的顺时针转动受张力弹簧

6 的约束，钩板的逆时针转动受止挡 2 的限制。

（2）连接杆 1 通过连接杆销 3 固定在钩板 4 上。

（3）张力弹簧一端固定在钩头箱体 8 上，另一端固定在钩板 4 上。

二、机械车钩的连挂过程

1. 车钩准备连挂状态

连接杆 1 前端的连接链在张力弹簧 6 的作用下紧挨着外锥体 a 的边缘，张力弹簧 6 把钩板压在钩头箱体的止挡 2 上，如图 5-3-2 所示。

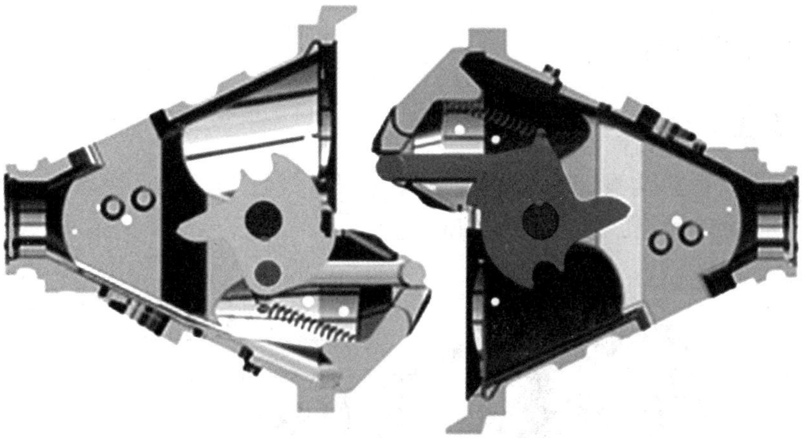

图 5-3-2　机械车钩准备连挂状态

2. 机械车钩的连挂过程

（1）撞：连接杆撞击对方车钩的钩板。

（2）转：连接杆向后移动，带动钩板转动。

（3）脱：钩板转动带动连接杆后移，连接杆前端的连接链落入对方车钩的钩板凹槽中。

（4）锁：在张力弹簧的作用下，钩板反向转动，锁定连接杆。

3. 车钩连挂后状态

车钩连挂后，车钩连接杆被对方车钩的钩板凹槽锁定，两车钩的钩板和车钩杆形成了一个稳定的平行四边形结构，受力均衡，列车运行中不会出现意外解锁；连接链上的载荷均匀分布在两个钩板上，连接链与钩板凹槽的正常磨损不会影响车钩的安全使用，如图 5-3-3 所示。

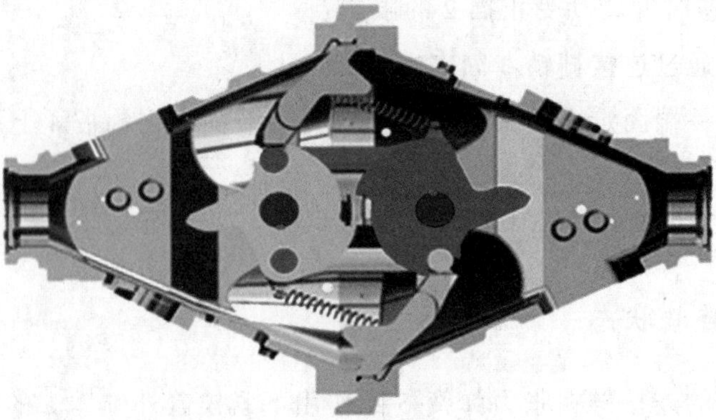

图 5-3-3　机械车钩连挂后状态

三、机械车钩解钩

1. 解钩装置的组成

车钩解钩装置由解钩按钮、解钩电磁阀、解钩气缸（气缸、活塞、活塞杆）、解钩杆和手动解钩钢丝绳组成，如图 5-3-4 所示。

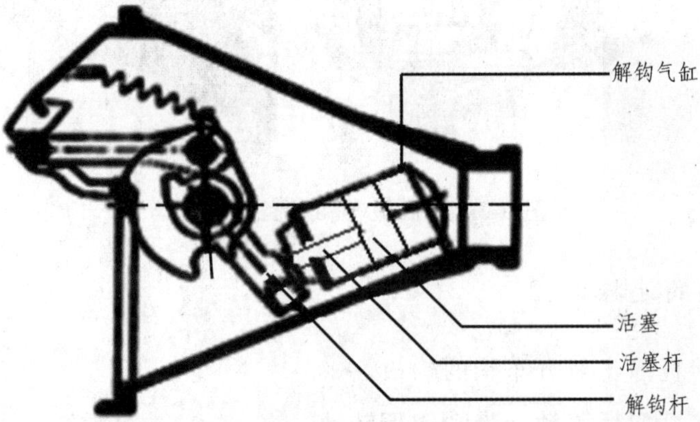

图 5-3-4　车钩解钩装置

2. 机械车钩的解钩过程

（1）推：按下解钩按钮，压缩空气经电磁阀进入解钩气缸，活塞向前移动，通过活塞杆推动解钩杆运动。

（2）转：解钩杆带动钩板克服张力弹簧阻力转动。

（3）脱：钩板转动带动车钩杆后移，车钩杆前端的连接链从对方的钩板凹槽中脱离。

（4）解：连接链从钩板凹槽脱离后，钩板必须要转到大于 55°角的位置，此时连接链在钩板凹槽止挡的后面，连接链与钩板凹槽分离，车钩解钩。车钩解钩后状态如图 5-3-5 所示。

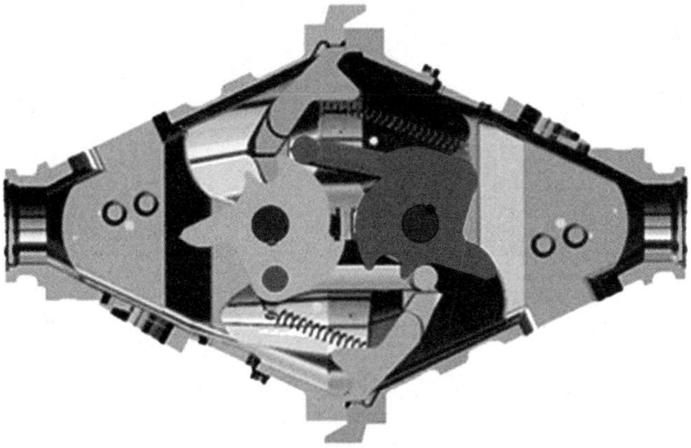

图 5-3-5　机械车钩解钩后状态

四、半永久牵引杆的机械连接

半永久牵引杆上的机械连接装置采用结构简单的“锥体+抱箍”方式连接，其中一个车钩的车钩杆带凸锥体，另一个车钩的车钩杆带凹锥体，车钩连挂时通过人工方式将凸锥体插入到凹锥体中通过抱箍用螺栓锁紧，如图 5-3-6 所示。

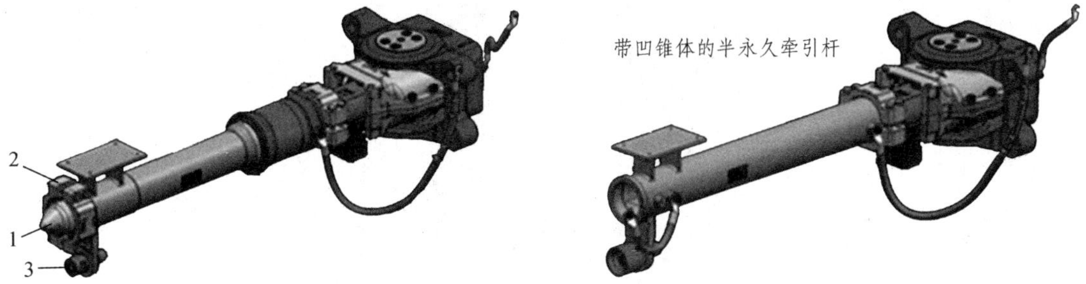

图 5-3-6　半永久牵引杆

1—凸锥体；2—抱箍；3—气路连接装置

项目测试题

1. 在图 5-3-1 上标出机械车钩各部件的名称。
2. 利用图 5-3-1 说明机械车钩各零件的安装及运动关系。

3. 简述车钩连挂的四个过程。

4. 车钩解钩装置由（　　　　）、（　　　　）、（　　　　）、（　　　　）和手动解钩（　　　　）组成。

5. 简述车钩解钩的四个过程。

项目四　车钩电气连接装置

知识点提示

（1）车钩电气连接装置的作用。

（2）车钩电气连接装置的形式。

（3）电子车钩系统的组成。

车钩电气连接装置的作用是用于相邻车辆间的电气连接。全自动车钩和半自动车钩采用相同结构的电子车钩连接，如图 5-4-1 所示；半永久牵引杆采用“电气连接箱 + 跨接电缆”的形式连接。

图 5-4-1　电子车钩与机械车钩

一、电子车钩的系统组成

1. 触头系统

车钩连挂状态下，两个电子车钩的相应触头相互挤压，与之对应的线路导通，触头的接触压力为 30 N，电子车钩的触头可以单独更换，电子车钩有保护盖，用来保护触头。触头系统的排列方式如图 5-4-2 所示。

图 5-4-2　电子车钩触头

2. 驱动机构

全自动车钩上的电子车钩装有驱动气缸，当车钩连挂和解钩时，电子车钩在驱动气缸的作用下可以自动伸出、缩回。

电子车钩、机械车钩的动作有先后顺序。连挂时，机械车钩先动作，电子车钩的动作延迟由方向阀控制；解钩时，电子车钩先解钩。

半自动车钩的电子车钩没有驱动气缸，电子车钩的连挂和解钩需要人工操作完成。

3. 手动操作装置

全自动车钩上装有电子车钩手动操作装置，如图 5-4-3 所示。其作用是：在机械和气路连接没有断开时，关闭车钩无名阀，可以手动向前和向后移动电子车钩。

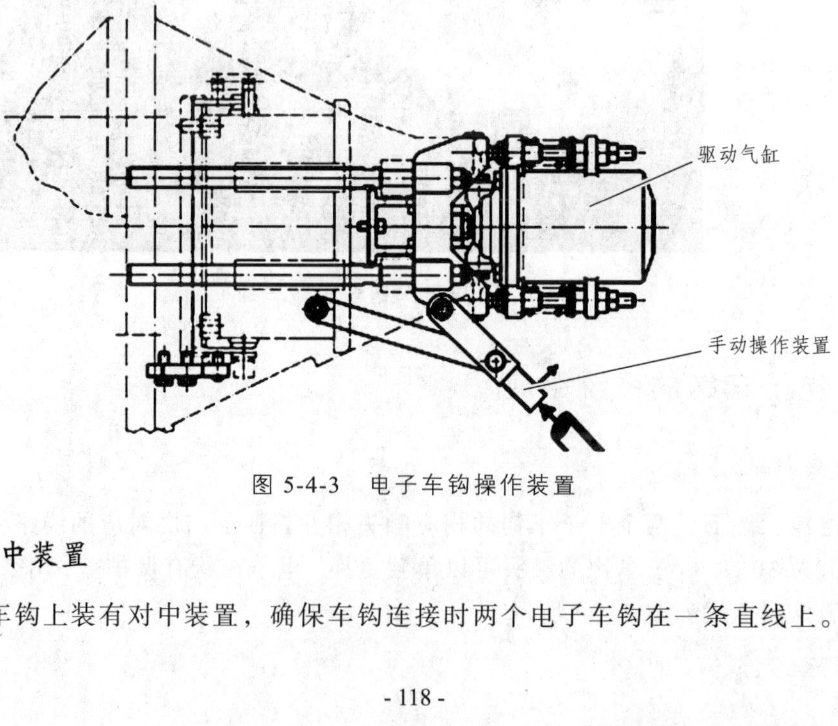

图 5-4-3　电子车钩操作装置

4. 对中装置

电子车钩上装有对中装置，确保车钩连接时两个电子车钩在一条直线上。

二、电气连接箱

半永久牵引杆的电气连接装置采用“电气连接箱+跨接电缆”的方式来实现车辆与车辆间电气线路的连通。

电气连接箱分成若干个小隔仓，每个隔仓内部为不同数量的柱状接头，跨接电缆两端为插孔。车钩连挂时，相应隔仓通过跨接电缆插接即可实现相邻车辆间电气线路的连通，电气连接箱结构见图 5-4-4。

图 5-4-4　半永久牵引杆电气连接箱

项目测试题

1. 车钩电气连接装置的作用是用于相邻车辆间的（　　　　）。
2. 全自动车钩和半自动车钩采用相同结构的（　　　　）连接，半永久牵引杆采用“（　　　　）”连接。
3. 电子车钩的系统组成包括（　　　　）系统、（　　　　）、（　　　　）和（　　　　）。
4. 车钩连挂状态下，两个电子车钩的相应（　　　　）相互挤压，与之对应的（　　　　）导通，触头的接触压力为（　　　　）。
5. 全自动车钩上的电子车钩装有驱动气缸，当车钩（　　　　）和（　　　　）时，电子车钩在驱动气缸的作用下可以自动（　　　　）和（　　　　）。
6. 电子车钩手动操作装置的作用是：在（　　　　）和（　　　　）连接没有断开时，关闭车钩（　　　　）阀，可以手动向前和向后移动（　　　　）。
7. 电子车钩上装有对中装置，确保车钩连接时两个电子车钩在一条（　　　　）上。

项目五　车钩气路连接装置

知识点提示

（1）气路连接装置的作用。
（2）气路连接装置的结构。
（3）气路连接装置的工作原理。

一、气路连接装置的作用

车钩气路连接装置用于连接相邻车辆的主风管。

二、气路连接装置的结构

气路连接装置安装在钩头箱体内，其主要部件有：解钩管 1、外部密封 2、压力阀 3、阀座 4、内部密封 5、软管接头 6、复位弹簧 7。

接头一端位于车钩平面上，外部密封 2 高出车钩面约 8 mm，另一端通过软管连接车辆的主风管，主风管与软管间装有车钩连接阀 W27。全自动车钩的气路连接装置结构见图 5-5-1；半自动车钩的气路连接装置没有解钩管 1，其余结构相同。气路连接装置位置图如图 5-5-2 所示。

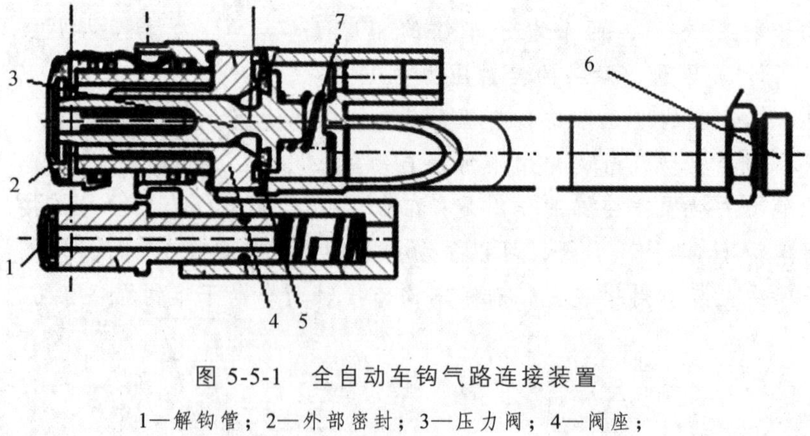

图 5-5-1　全自动车钩气路连接装置

1—解钩管；2—外部密封；3—压力阀；4—阀座；
5—内部密封；6—软管接头；7—复位弹簧

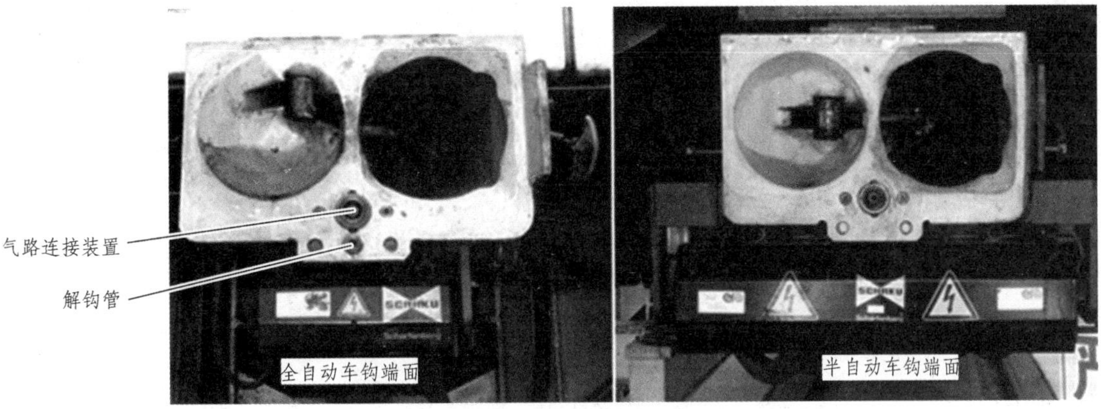

图 5-5-2　气路连接装置位置图

三、气路连接装置的工作原理

车钩连挂时，两个车钩的压力阀 3 相互挤压，复位弹簧 7 被压缩，压力阀离开阀座 4，主风管连通，高出车钩平面的密封圈 2 相互挤压，保证了相互连接的压力阀密封良好；解钩时，复位弹簧 7 复位，压力阀压紧在阀座 4 上，气路关闭。

半永久牵引杆上的气路连接装置结构较为简单，组成部件有：外部密封圈 1、直通管 2、软管接口 3，如图 5-5-3 所示。

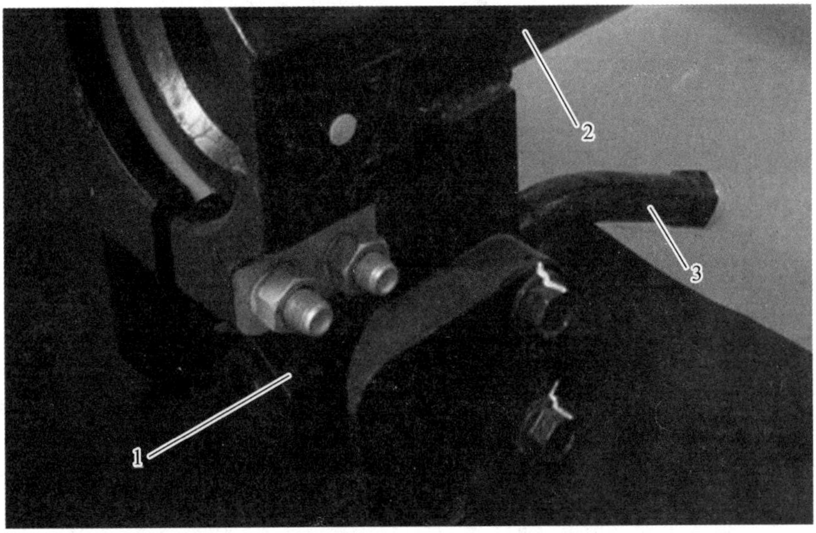

图 5-5-3　半永久牵引杆气路连接装置

1—外部密封圈；2—直通管；3—软管接口

车钩连挂时，两车钩气路连接装置外部密封圈相互挤压，气路连通；解钩时，必须先关闭相应车钩的车钩连接阀 W27，否则会造成压缩空气严重泄漏。

项目测试题

1. 车钩气路连接装置用于连接相邻车辆的（　　　　）。
2. 在图 5-5-1 上标出气路连接装置的 7 个部件的名称。
3. 气路连接装置的密封包括（　　　　）密封和（　　　　）密封。

项目六 车钩缓冲装置

知识点提示

（1）缓冲装置的作用。
（2）缓冲装置的组成。
（3）橡胶缓冲器的组成。
（4）橡胶缓冲器的作用。
（5）可压溃管的组成。
（6）可压溃管的作用。
（7）过载保护装置的组成。

列车运行时，车辆会受到纵向方向的冲击力，从而引起车辆的纵向伸缩振动，这种振动不利于列车的安全运行，也会影响乘客的舒适性，车钩上的缓冲装置正是针对这一情况而设计的。

一、车钩缓冲装置的作用

（1）缓冲和吸收车辆的纵向冲击能量，确保车辆安全，提升乘客的舒适性体验。
（2）缓冲装置还是车辆牵引连挂的重要组成部分，用来传递牵引力和制动力。

二、车钩缓冲装置的组成

车钩缓冲装置包括橡胶缓冲装置、可压溃管和过载保护装置，如图 5-6-1 所示。

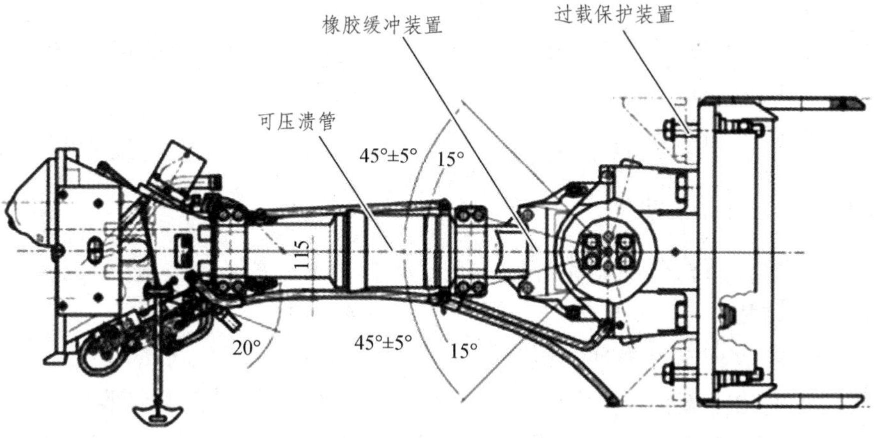

图 5-6-1 车钩缓冲装置

1. 橡胶缓冲装置

橡胶缓冲装置由缓冲器和安装座组成，如图 5-6-2 所示。缓冲器通过带轴承的套管固定在安装座上，允许车钩在水平方向和垂直方向摆动以及扭转。

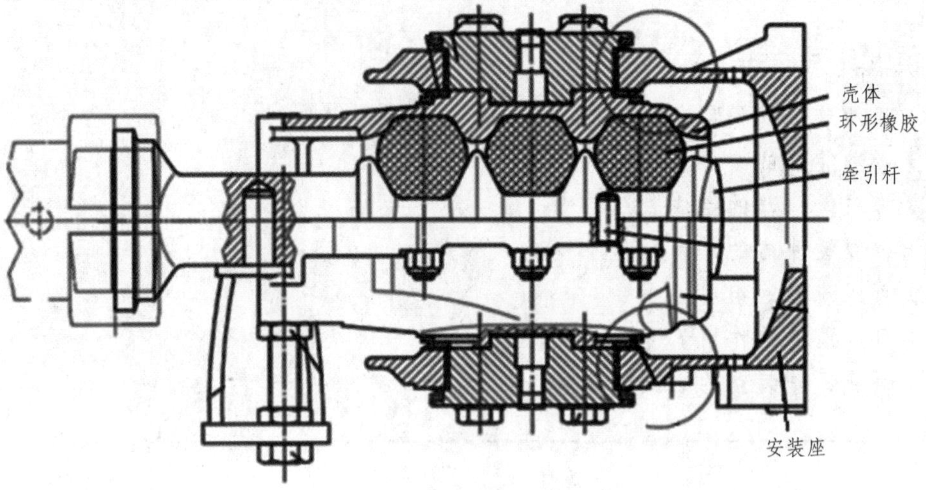

图 5-6-2　橡胶缓冲装置

缓冲器由牵引杆、环形橡胶和缓冲器壳体组成，如图 5-6-3 所示。

图 5-6-3　缓冲器牵引杆、壳体、环形橡胶

橡胶缓冲装置的作用：

（1）缓冲、吸收列车纵向冲击能量。当列车撞击速度小于 8 km/h 时，缓冲器吸收全部能量，产生可恢复变形。

（2）传递牵引力和制动力。

2. 可压溃管的结构原理

可压溃管的主要结构包括车钩杆、冲头、可压溃管、标记线，如图 5-6-4 所示。

可压溃管的作用：

（1）缓冲、吸收列车纵向冲击能量。

（2）当列车撞击速度大于 8 km/h 而小于 15 km/h 时，可压溃管吸收能量产生不可恢复变形。可压溃管是否变形可通过观察标记线来判断。

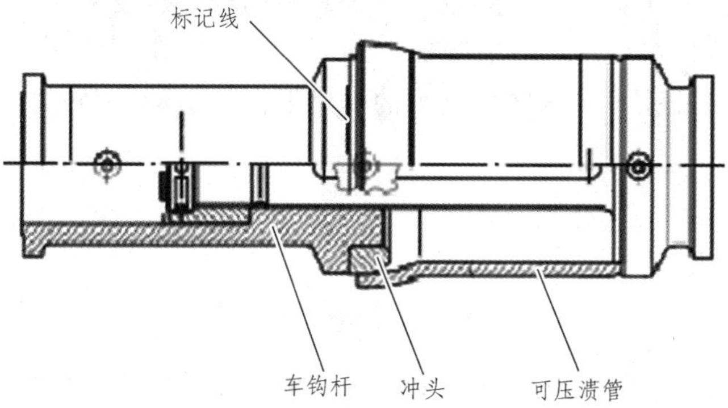

图 5-6-4　可压溃管结构

3. 过载保护装置

过载保护装置由冲击板和 4 个过载保护螺栓组成。

缓冲器通过 4 个安装螺栓固定在冲击板上，冲击板通过 4 个过载保护螺栓固定在车体安装板上，如图 5-6-5 所示。

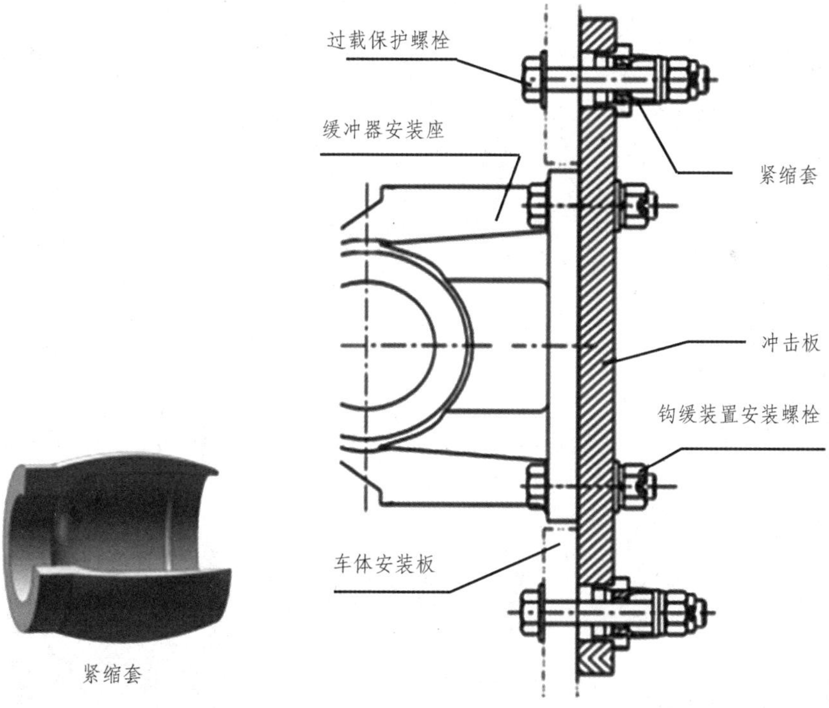

图 5-6-5　过载保护装置

钩缓装置在正常牵引状态时，冲击板顶靠在车体安装板的后部，将牵引力传递到车体，过载保护螺栓并不承受牵引力；钩缓装置在正常顶推状态时，纵向压缩力通过收缩套传递到过载保护螺栓和冲击板，最终传到车体。

当钩缓装置受到的压缩载荷达到过载保护装置的额定触发力时（列车撞击速度大于 15 km/h），装置上的收缩套发生收缩变形，外径小于安装孔，因此，冲击板上的过载保护螺栓最终将滑出安装孔，车钩在压缩力的作用下向后运动，与车体分离。

项目测试题

1. 车钩缓冲装置的作用是：缓冲和吸收车辆的（　　　　）冲击能量，确保（　　　　）安全，提升乘客的（　　　　）体验。
2. 车钩缓冲装置由（　　　　）装置、（　　　　）和（　　　　）装置组成。
3. 橡胶缓冲器由（　　　　）、（　　　　）和缓冲器（　　　　）组成。
4. 橡胶缓冲器通过带轴承的（　　　　）固定在（　　　　）上，允许车钩在水平方向和垂直方向（　　　　）以及（　　　　）。
5. 在图 5-6-4 上标出可压溃管的 4 个结构。
6. 可压溃管的作用是（　　　　）、（　　　　）列车纵向冲击能量。
7. 过载保护装置由（　　　　）和 4 个（　　　　）螺栓组成。

项目七　车钩气路控制系统

知识点提示

（1）气路控制系统的作用。

（2）气路控制系统的组成。

（3）连挂原理。

（4）解钩原理。

车钩气路控制系统的作用是驱动电子车钩驱动气缸、机械车钩解钩气缸，控制车钩的连挂和解钩。

一、准备连挂

如图 5-7-1（a）所示，压力阀关闭总风缸管 B，清除解钩管里的空气，驱动电子钩头的双作用风缸 E 充风，压缩空气使电子车钩处于缩回位置（活塞杆缩回）。

二、正在连挂

正在连挂时，总风管 B 被连接上，驱动电子钩头操作装置的方向阀 H 由总风管控制，当被连挂侧列车没有压缩空气时，压缩空气可由本车供给。

三、连挂位置

如图 5-7-1（b）所示，总风管连接 B 被打开，解钩管内没有压缩空气。电子钩头驱动缸 E 的后部供有压缩空气，使活塞向前移动，把电子钩头推到连挂的位置，电子钩头操作装置保持在中心位置，防止电子钩头意外地移动到缩回位置，保护盖自动打开。

四、遥控解钩

如图 5-7-1（c）所示，按下司机室的解钩按钮 K，解钩管充有压缩空气，驱动解钩缸。活塞杆推动钩锁使钩锁转到解钩的位置。压缩空气经由风管连接 A 传到相配车钩的解钩管，使电子钩头隔离。解钩管上的止回阀 G 阻止压缩空气进入相配的解钩缸内，钩锁保持在翻转位置。解钩管的一个风管驱动电子钩头操作装置的方向阀，这样气缸 E 的一部分充气，而其他部分没有气体。电子钩头向后移动到缩回位置，保护盖自动关闭（除非解钩的列车没有分离开，否则双向阀确保电子钩头保持在缩回位置）。

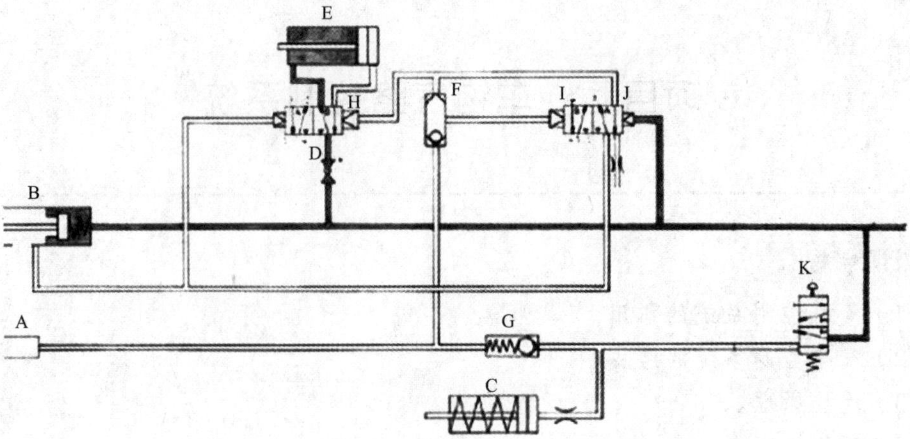

（a）准备连接

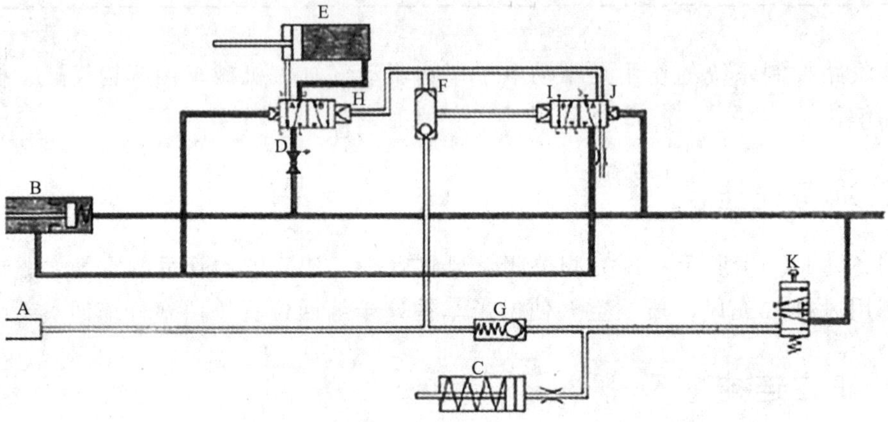

（b）连挂位置

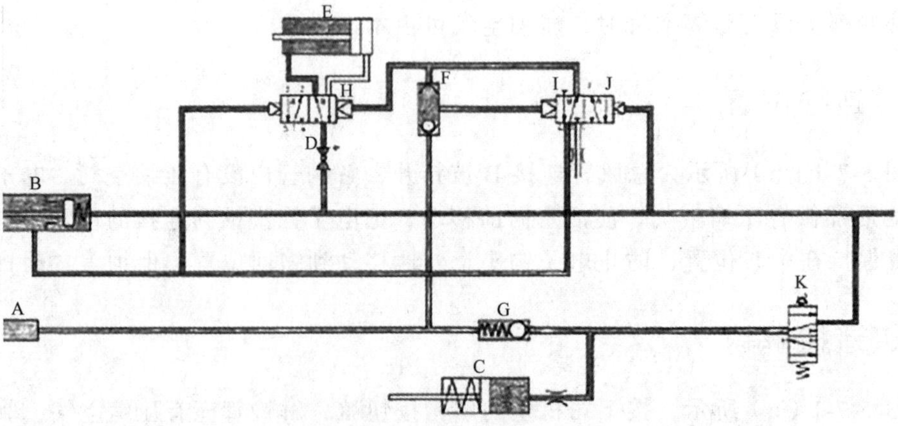

（c）解钩位置

排风管；充风管

图 5-7-1 车钩气路图

A—解钩风管连接；B—总风管连接；C—解钩风缸；D—球形塞门；E—电子钩头用风缸；
F—双向阀；G—止回阀；H—驱动电子钩头操作装置用方向阀；
J—控制解钩操作的方向阀；K—司机室内的解钩按钮

项目测试题

1. 车钩气路控制系统的作用是驱动电子车钩（　　　　）气缸、机械车钩（　　　　）、气缸，控制车钩（　　　　）和（　　　　）。
2. 在图 5-7-1 上标出车钩气路控制系统主要部件的名称。
3. 简述车钩连挂的控制过程。

4. 简述车钩解钩的控制过程。

项目八　车钩的调节

知识点提示

（1）车钩的垂直调节。

（2）车钩的水平调节。

一、钩头形状及接合范围

车钩面由一对相互匹配的内、外锥体组成，确保车辆连挂时车钩的接合和对中。连挂后，钩锁确保坚固、无间隙、安全连接。图 5-8-1 是 330 型钩头接合范围图。在剖面线范围内才能够实现自动接合和连挂。该接合范围图只适用于直线轨道上的连挂，在弯曲轨道上连挂时接合面会降低。

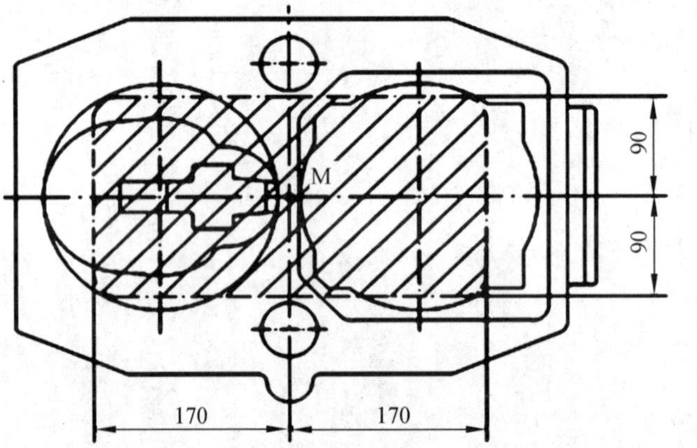

图 5-8-1　钩头接合范围图

二、车钩基本调节

1. 垂直调节

调节车钩与钢轨、车辆纵向轴平行的过程称为车钩的垂直调节。车钩的垂直与否可用气泡水准仪来检查。

车钩的垂直调节过程如下（见图 5-8-2）：

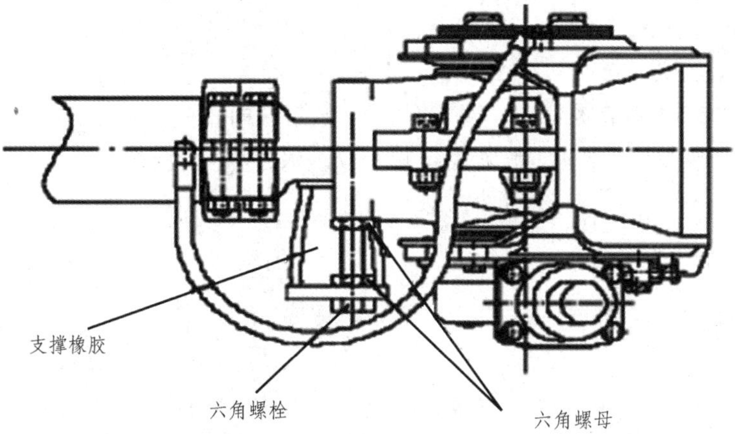

图 5-8-2　车钩垂直调节

（1）松开 4 个六角螺母。

（2）均匀地转动两个六角螺栓抬起或落下车钩。

（3）用气泡水准仪检查车钩的垂直度。

（4）锁紧 4 个六角螺母。

2. 水平校准

解钩状态下调节车钩与车辆纵向轴呈一直线的过程称为车钩的水平校准。

自由状态下的车钩与车辆纵向轴在一直线上时，钩头连挂时具有最大的接合范围。

利用安在对中装置后侧的调节螺钉 1 进行水平校准。车钩的水平校准过程（见图 5-8-3）如下：

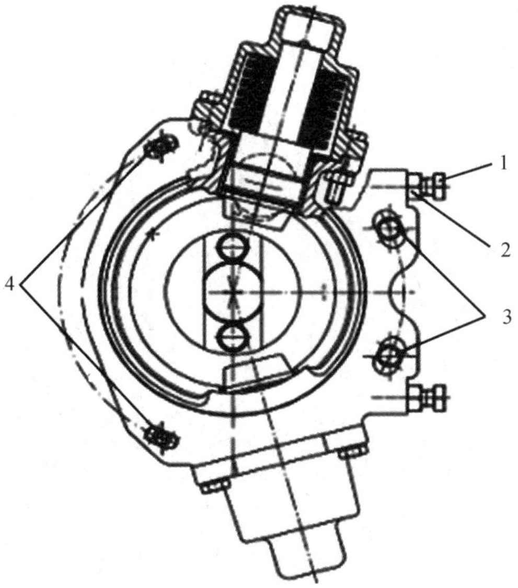

图 5-8-3　车钩水平校准

1—调节螺钉；2—锁紧螺母；3，4—锁紧螺钉

（1）松开对中装置上的锁紧螺钉 3、4。

（2）松开锁紧螺母 2。

（3）拧紧或旋出调节螺钉 1，调节车钩与车辆纵向轴呈一直线。

（4）拧紧锁紧螺钉 3、4，锁紧固定螺母 2，水平调节完成。

项目测试题

1. 调节车钩与（　　　　）、车辆（　　　　）轴平行的过程称为车钩的垂直调节。
2. 解钩状态下调节车钩与车辆（　　　　）呈一直线的过程称为车钩的水平校准。

模块六　列车供风与制动

项目一　列车供风系统概述

知识点提示

（1）供风系统的作用。

（2）供风参数。

（3）供风系统设备。

（4）本车供风气路。

（5）供风优先原则。

列车运行时，车钩、受电弓、空气弹簧、空气制动单元等车载气动设备需要压缩空气。供风系统的作用是为列车提供干燥、洁净、压力和流量符合要求的压缩空气。

一、供风系统工作参数

主风管风压：	900 kPa
空气流量：	750 L/min
相对湿度：	≤35%
洁净度：	机械杂质、含油量受控

二、供风系统的设备组成

供风系统由供风单元、主风管、车钩气路连接装置、主风缸、制动储风缸、空气弹簧储风缸及连接管路和阀件组成，各车辆供风系统组成如图 6-1-1 ~ 6-1-3 所示。

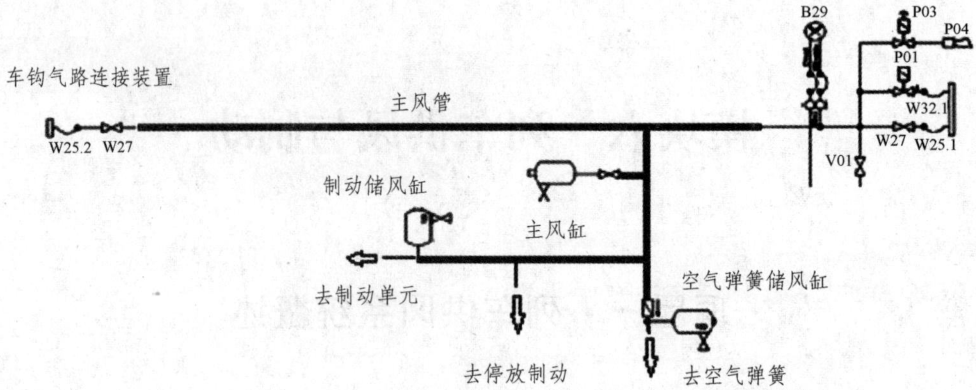

图 6-1-1　A 车供风系统

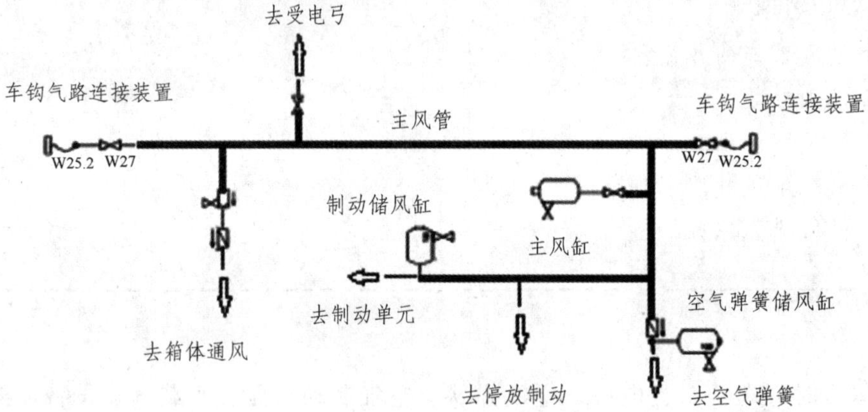

图 6-1-2　B 车供风系统

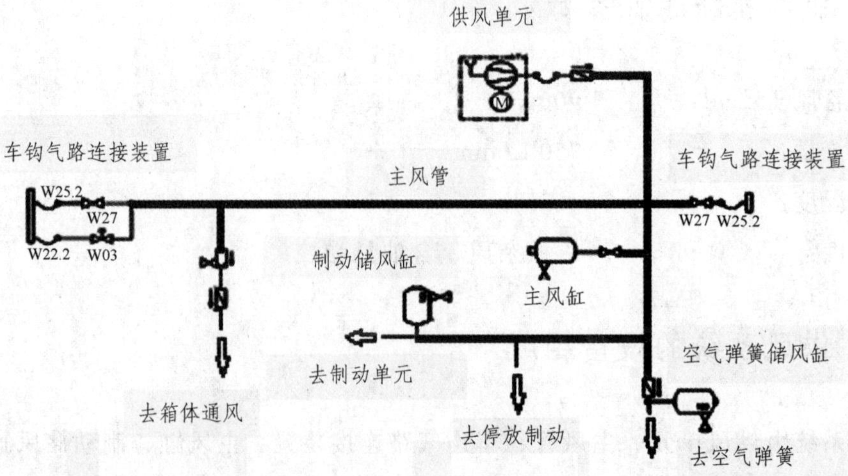

图 6-1-3　C 车供风系统

三、列车供风与本车供风

列车供风：C 车供风单元提供的压缩空气进入 C 车主风管，A 车、B 车的主风管通过车钩气路连接装置与 C 车主风管相连，供风单元提供的压缩空气便可通过相互连通的主风管送达全列。

本车供风：每个车辆均装有主风缸，主风缸连接本车主风管，本车供风由主风缸提供，主风缸的工作压力为 900 kPa，容积为 100 L。

1. A 车供风气路（见图 6-1-1）

（1）主风缸→制动储风缸→制动单元，此路压缩空气为车辆提供空气制动。

（2）主风缸→停放制动，此路压缩空气为车辆提供停放制动。

（3）主风缸→空气弹簧储风缸→空气弹簧，此路压缩空气为空气弹簧提供气源。

2. B 车供风气路（图 6-1-2）

（1）主风缸→制动储风缸→制动单元，此路压缩空气为车辆提供空气制动。

（2）主风缸→停放制动，此路压缩空气为车辆提供停放制动。

（3）主风缸→空气弹簧储风缸→空气弹簧，此路压缩空气为空气弹簧提供气源。

（4）主风缸→主风管→受电弓，此路压缩空气为受电弓提供气源。

（5）主风缸→主风管→箱体通风，此路压缩空气为车底电子箱通风提供气源。

3. C 车供风气路（图 6-1-3）

（1）主风缸→制动储风缸→制动单元，此路压缩空气为车辆提供空气制动。

（2）主风缸→停放制动，此路压缩空气为车辆提供停放制动。

（3）主风缸→空气弹簧储风缸→空气弹簧，此路压缩空气为空气弹簧提供气源。

（4）主风缸→主风管→箱体通风，此路压缩空气为车底电子箱通风提供气源。

四、供风系统三级供风原则

第 1 级：无条件地给空气制动系统供风，以确保列车随时能够施加空气制动，保障运营安全。

第 2 级：当主风管（MRE）压力大于 650 kPa 时，才给空气弹簧系统供风。

第 3 级：当主风管（MRE）压力大于 750 kPa 时，才给电子箱供风。

项目测试题

1. 供风系统的作用是为列车气动设备提供（　　　　）、（　　　　）、（　　　　）和（　　　　）符合要求的压缩空气。
2. 正常情况下，列车主风管的风压为（　　　　），空气相对湿度不高于（　　　　）。
3. 供风系统由（　　　　）、（　　　　）、（　　　　）装置、（　　　　）、（　　　　）储风缸、（　　　　）储风缸及连接管路和阀件组成。
4. 以 A 车、B 车或 C 车为例，画出本车供风系统气路图。
5. 本车用风设备的供风是分等级的，（　　　　）系统级别最高，必须无条件保证系统设备工作，（　　　　）系统级别次之，当主风管风压大于（　　　　）时便可向其供风，（　　　　）级别最低，主风管风压大于（　　　　）时，才会向其供风。

项目二　列车供风单元设备

知识点提示

（1）供风单元的安装位置与数量。

（2）供风单元的设备组成。

（3）供风单元设备的功能。

列车供风单元安装在 C 车车底，全列配置有两个供风单元，供风单元设备安装关系见图 6-2-1。

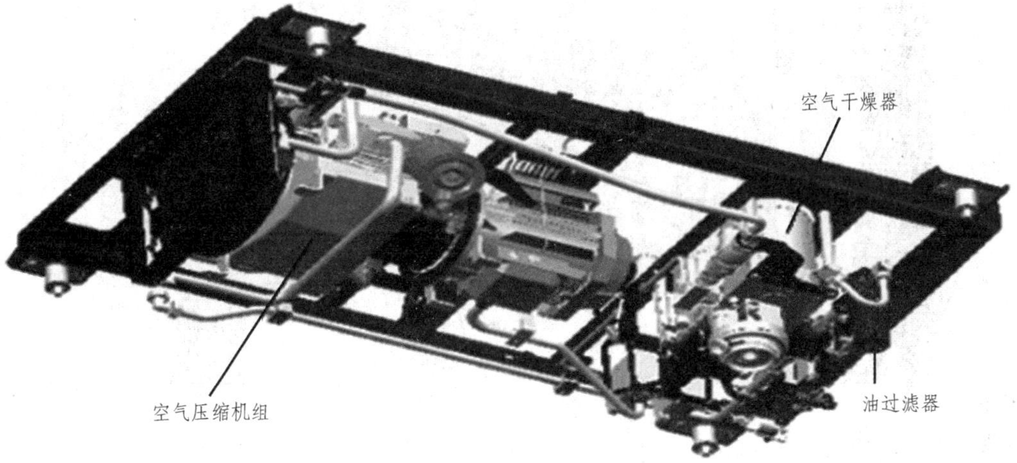

图 6-2-1　供风单元安装图

一、供风单元设备及功能说明

供风单元设备有空气压缩机组、空气干燥器、油过滤器、压力传感器和压力开关。设备及气路流程见图 6-2-2。

（一）空气压缩机组

空气压缩机由电机驱动，压缩机的工作循环由吸气、压缩、排气 3 个过程组成。

电机供电由辅助逆变器（ACM）提供，额定电压 400 V ×（1 ± 5%），50 Hz，额定输出功率 7.5 kW ×（1 ± 6%）。空气压缩机组结构如图 6-2-3 所示。

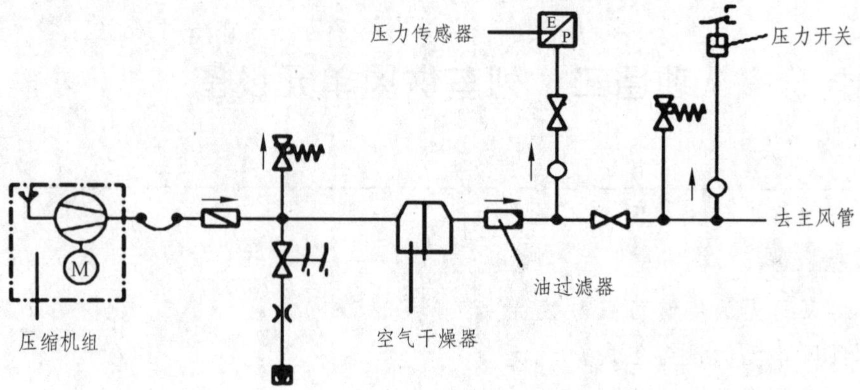

图 6-2-2　供风单元设备与流程

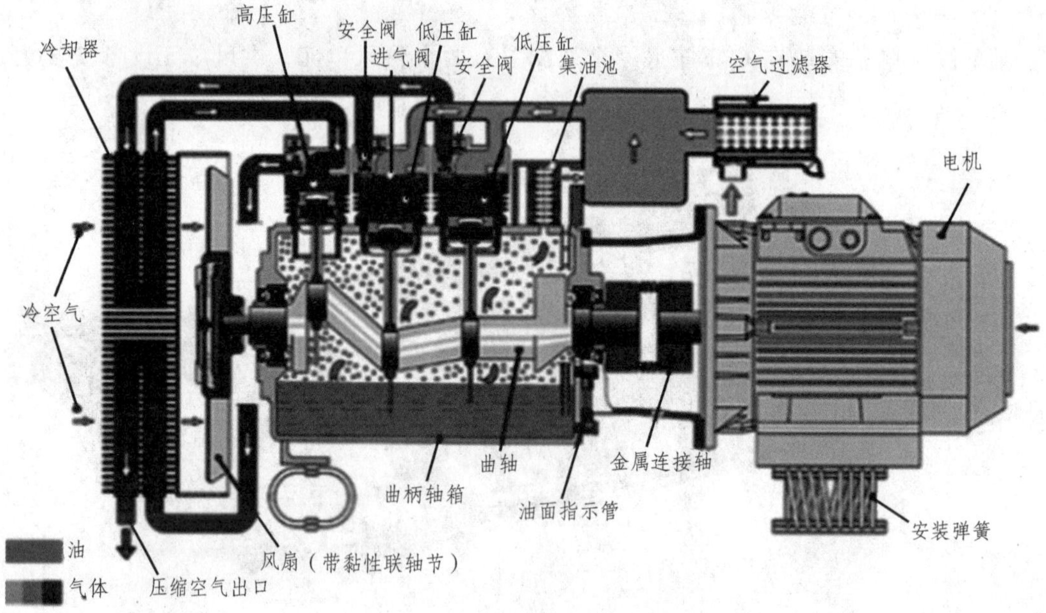

图 6-2-3　空气压缩机组结构原理

1. 空气压缩机组的作用

空气压缩机的作用是为系统提供压力和流量符合要求的压缩空气。

2. 空气压缩机组的设备组成

空气压缩机组的主要设备包括电机、联轴节、空气压缩机、冷却器、空气过滤器。

3. 空气压缩机的工作原理

（1）环境空气经过滤器过滤后进入压缩机低压气缸。

（2）空气在气缸中被预压缩。

（3）预压缩的空气经冷却器冷却后进入高压气缸。

（4）空气在高压气缸中继续压缩。

（5）从高压气缸排出的压缩空气经冷却器冷却后进入空气干燥器。

（二）空气干燥器

空气干燥器为双塔式可再生结构。其作用是：吸附压缩空气中的水分，最大限度地去除压缩空气中的润滑油和机械杂质，保持压缩空气干燥、洁净的品质。空气干燥器主要组成元件如图 6-2-4 所示。

（1）干燥筒：过滤机械杂质，吸附水分和油污。

（2）支座：干燥筒和阀件安装支撑。

（3）双塞阀：排除吸附的水分、油污及机械杂质。

（4）电磁阀：控制吸附循环时间切换。

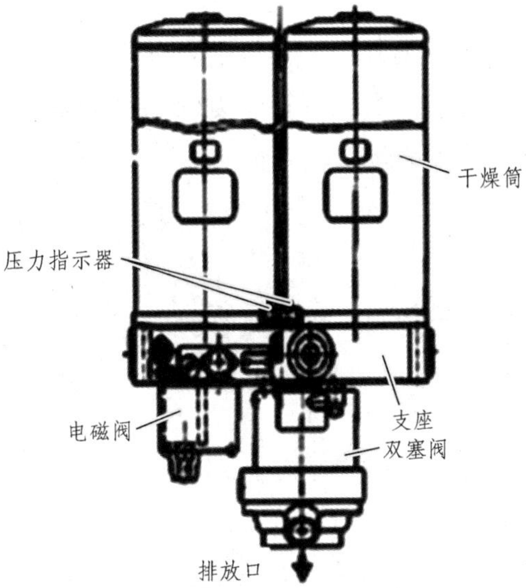

图 6-2-4　空气干燥器结构

（三）油过滤器

压缩空气中的大部分润滑油在空气干燥器中被油水分离器分离，但仍会有少量的油蒸气被带到供风系统中，在气流缓慢、温度低的地方容易聚集，造成堵塞。安装油过滤器的目的就是对残留的油蒸气进一步净化，满足系统长时间运行的要求。

油过滤器的滤芯（见图 6-2-5）是由一个玻璃纤维筒组成的，玻璃纤维能将直径超过 1 μm 的油雾粒子、固体杂质过滤掉；压缩空气中的较大水滴（油滴），被挤入外层泡沫套筒，在重力作用下流入较低的滤罩中，从而起到净化的作用。

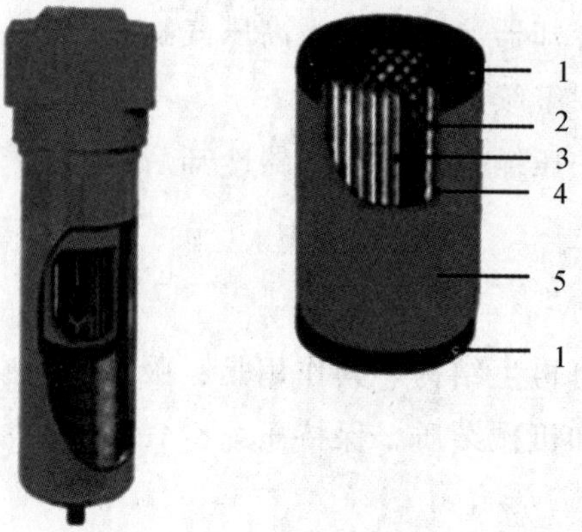

图 6-2-5　油过滤器结构

1—铝/塑料端盖；2—硼硅酸盐纤维玻璃层；3—内部钢套筒；4—外部钢套筒；5—涂 PVC 的泡沫套筒

（四）压力传感器

列车运行时，主风管压力由压力传感器传给列车控制单元（VTCU），VTCU 控制根据主风管压力控制空压机的启停。当主风管压力低于 750 kPa 时，空压机启动，当主风管压力达到 900 kPa 时，空压机停机。

（五）压力开关

压力开关用于主风管的压力监测，当主风管的压力低于 600 kPa 时，列车控制系统将其反馈给 VTCU，在 MMI 显示“主风管压力低”；当主风管的压力高于 700 kPa 时，MMI“主风管压力低”显示消失。

二、供风系统的工作原理

（1）C 车供风单元空气压缩机提供压力和流量符合要求的压缩空气。

（2）压缩空气在干燥过滤器中去除水分、机械杂质和大部分润滑油。

（3）压缩空气中残留的润滑油在油分离器中分离出来。

（4）干燥、洁净、压力和流量符合要求的压缩空气进入 C 车主风管。

（5）C 车主风管通过车钩气路连接装置连接 B 车主风管，B 车主风管通过车钩气路连接装置连接 A 车主风管，C 车供风单元提供的压缩空气便可送达全列。

三、供风单元工作方案

（1）列车运行时，驾驶单元 C 车的供风单元工作，而另一单元备用。

（2）当列车压缩空气消耗过大，主风管压力下降到 650 kPa 以下时，备用供风单元启动，同时向系统供风。

（3）当驾驶单元供风故障时，由备用单元代替其工作。

项目测试题

1. 列车供风单元安装在（　　　　）车底，全列配置有（　　　　）个供风单元。
2. 供风单元主要设备有（　　　　）机组、（　　　　）、（　　　　）、（　　　　）传感器和（　　　　）开关。
3. 空气压缩机组的作用是为系统提供（　　　　）和（　　　　）符合要求的压缩空气。
4. 空气压缩机主要设备包括（　　　　）、（　　　　）、（　　　　）、（　　　　）、（　　　　）。
5. 简述空气压缩机的工作原理。

6. 空气干燥器的作用是吸附压缩空气中的（　　　　），最大限度地去除压缩空气中的（　　　　）和（　　　　），保持压缩空气干燥、洁净的品质。
7. 在图 6-2-4 上标出空气干燥器的主要部件名称，并说明其功能。

8. 供风系统管路中，如果润滑油太多，会造成润滑油在气流（　　　　）、（　　　　）低的地方聚集，造成管路堵塞。
9. 列车运行时，主风管压力由（　　　　）传感器传给 VTCU，VTCU 控制根据主风管压力控制（　　　　）的启停。当主风管压力低于（　　　　）时，空压机启动，当主风管压力达到（　　　　）时，空压机停机。

10. 压力开关的作用是监测（   ）的压力。

11. 简述供风系统的工作原理。

12. 列车上的两个供风单元是如何轮换工作的？

项目三　列车制动系统

知识点提示

（1）制动的概念。
（2）列车制动方式。
（3）电制动的概念及分类。
（4）空气制动的概念。
（5）制动指令的类型。
（6）制动施加的过程。

制动：人为地使列车减速或阻止其加速，让静止的列车保持静止的过程。使列车减速或阻止其加速的力称为制动力，产生并控制这个制动力的装置叫作制动装置。

一、城轨列车的制动方式

城轨列车制动包括电制动和空气制动两种方式。

1. 电制动

在制动模式下，电机由牵引模式转换成制动模式，变成了发电机，将列车运行的动能转换成电能，列车速度降低，即为电制动。

电制动分为再生制动和电阻制动。

（1）再生制动：制动过程产生的电能反馈到接触网，能再次利用。

（2）电阻制动：制动过程产生的电能送往电阻箱转换成热能，不能再次利用。

2. 空气制动

压缩空气推动制动气缸活塞运动，活塞的运动通过传动机构使闸瓦压紧在车轮踏面上，通过闸瓦与踏面的摩擦将列车的动能转换成热能，使列车速度降低，空气制动工作原理如图 6-3-1 所示。

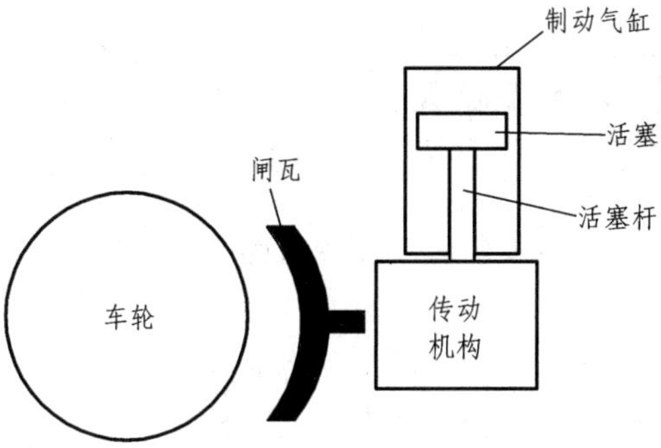

图 6-3-1　空气制动原理图

二、电制动与空气制动的施加原则

1. 制动指令

制动指令包括系统指令和人工指令。自动指令是根据线路条件和运营要求，列控系统 ATC 发出的指令；人工指令是司机操作主控器手柄发出的指令。

2. 制动施加（见图 6-3-2）

（1）制动指令传送至 VTCU（列车控制单元）。

（2）VTCU 根据列车的当前速度和乘客载荷计算出执行本次指令需要的制动力。

（3）依据电制动优先原则，VTCU 将制动下达给 DCU，由 DCU（牵引控制单元）控制牵引电机实施电制动，同时 DCU 将电制动的执行情况反馈至 VTCU。

（4）如果施加的电制动不足以完成本次制动请求，制动力不足部分 VTCU 以追加指令方式下达给 EBCU（电子制动控制单元），由 EBCU 控制空气制动来补足。

（5）当列车速度低于 5 km/h 时，电制动退出，列车制动由空气制动执行。

（6）紧急制动模式下，列车制动全部由空气制动执行。

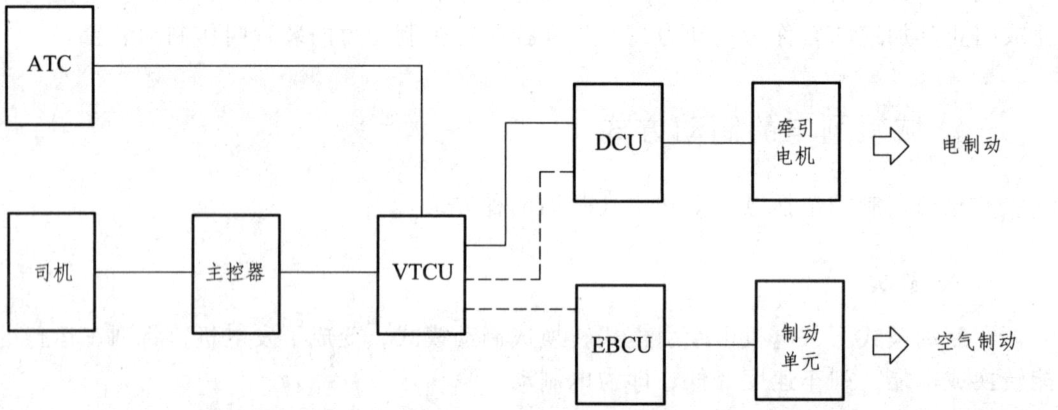

图 6-3-2　电制动与空气制动施加原理

项目测试题

1. 制动是人为地使列车（　　　　）或（　　　　）其加速，让静止的列车（　　　　）静止的过程。
2. 城轨列车制动包括（　　　　）和（　　　　）两种方式。
3. 在制动模式下，电机由（　　　　）模式转换成（　　　　）模式，变成了发电机，将列车运行的（　　　　）转换成（　　　　），列车速度降低，即为电制动。

4. 电制动分为（　　　　）制动和（　　　　）制动。
5. 压缩空气推动制动气缸(　　　　)运动，活塞的运动通过(　　　　)使(　　　　)压紧在（　　　　）上，通过闸瓦与踏面的（　　　　）将列车的动能转换成（　　　　），列车速度降低，即为空气制动。
6. 制动指令包括（　　　　）和（　　　　）。
7. 利用图 6-3-2 说明列车制动施加的工作过程。

项目四　空气制动系统

知识点提示

（1）空气制动系统的组成。

（2）设备功能。

空气制动系统由电子制动控制单元（EBCU）、空气制动模块（BCM）、踏面制动单元、防滑控制四部分组成（见附录二）。

一、EBCU 的功能

每辆车上均装有 EBCU，其作用是从 VTCU 接收制动指令，并将包含制动力大小信息的指令传送给 BCM。

二、BCM 的功能

BCM 由电-空制动控制单元（BCU，见图 6-4-1）、辅助控制单元组成。

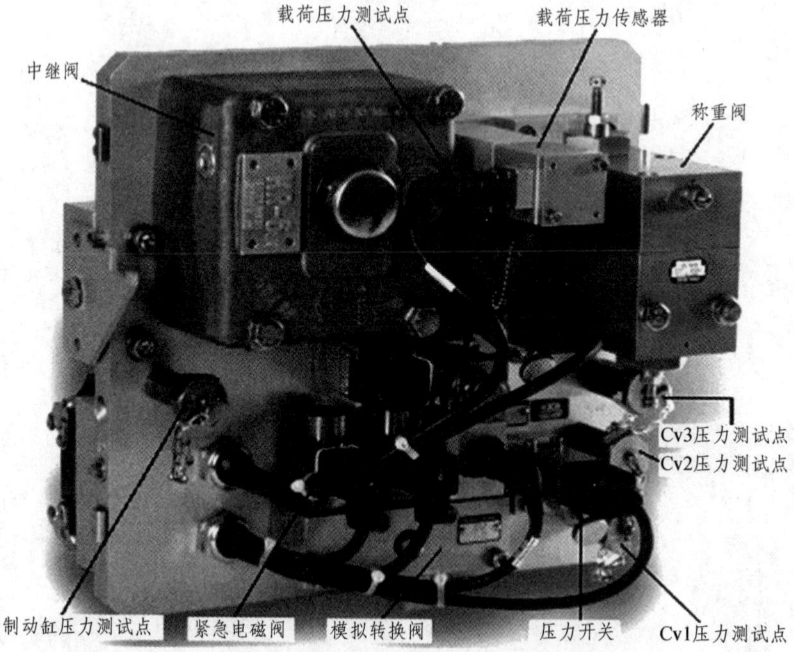

图 6-4-1　BCU 器件布置图

1. 电-空制动控制单元的组成

电-空制动控制单元（BCU）主要包括模拟转换器（B01.06.a）、紧急制动电磁阀（B01.06.e）、中继阀（B01.06.d）、限压阀（B01.06.c）等控制元件，以及压力传感器（B01.06f）、压力开关（B01.06h）和压力测试接口，如图 6-4-2 所示。其中，j、k、l、m、n 为压力测试接口。

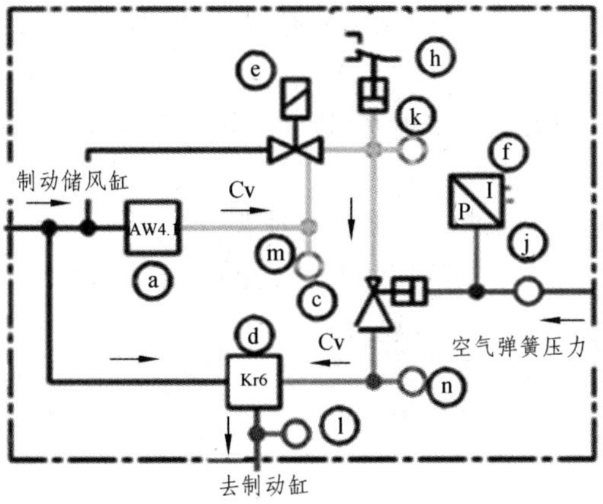

图 6-4-2　电-空制动控制单元

2. 电-空制动控制单元的作用

将 EBCU 送来的，包含制动力大小信息的电信号转换成压力信号，压力信号经系统修正后形成预控压力 Cv 作用于中继阀，中继阀的输出压力与预控压力 Cv 相等。

3. 辅助控制单元的组成

辅助控制单元主要由截断塞门（B01.07.a）、单向阀（B01.07.b）、双向阀（B01.07.f）、停放制动脉冲阀（B01.07.e）、R 压力开关（B01.07.c）、常用制动压力开关（B01.07.l, B01.07.n）、停放制动压力开关（B01.07.g）、截断塞门（B01.07.i）组成，如图 6-4-3 所示。

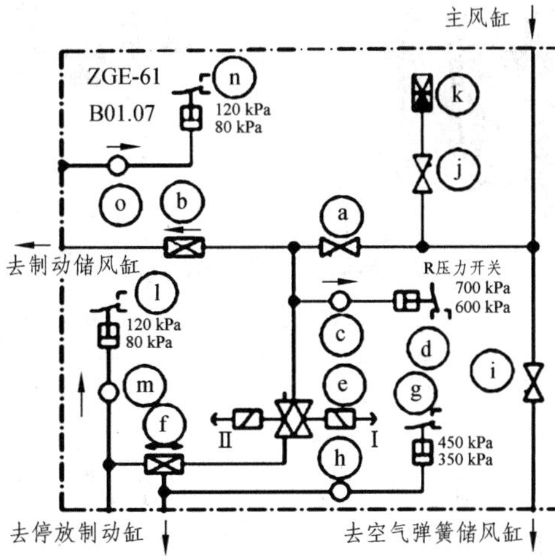

图 6-4-3　辅助控制单元

4. 辅助控制单元的主要功能

停放制动脉冲阀（B01.07.e）控制停放制动的施加/缓解；压力开关 B01.07.l, B01.07.n 分别监测两个转向架的常用制动缸压力，制动缸压力大于 120 kPa，制动施加，空气制动施加灯亮；制动缸压力小于 80 kPa，制动缓解，空气制动缓解灯亮（见图 3-2-4）；压力开关 B01.07.g 监测本车停放制动缸的压力，停放制动缸压力大于 450 kPa，停放制动缓解，停放制动缓解灯亮；停放制动缸压力小于 350 kPa，停放制动施加，停放制动施加灯亮。

R 压力开关（B01.07.c）监测本车制动储风缸的压力，以确保列车在制动储风缸压力低于 600 kPa 时能安全运行。

如果制动储风缸压力低于 600 kPa 而此时车辆正在运行，不会出现低压力报警；如果列车在下一站停车时，制动储风缸的压力低于 600 kPa，列车将出现低压力报警，同时启动“启动联锁”，阻止车辆的运行。制动储风缸的压力高于 700 kPa 时，启动联锁自动撤销。

三、踏面制动单元

踏面制动单元是空气制动的执行机构，负责空气制动的施加与缓解。转向架每个车轮位置均装有一套踏面制动单元。踏面制动单元分为带停放制动和不带停放制动两种类型（见图 6-4-4）。

图 6-4-4　踏面制动单元

1—停放制动气缸；2—常用制动气缸及机构；3—闸瓦间隙调节装置；4—闸瓦托；5—闸瓦托销

1. 空气制动施加

BCU 中继阀来的压缩空气进入常用制动气缸推动活塞运动，活塞运动经机构、闸瓦间隙调节装置、闸瓦托将制动闸瓦推向车轮踏面，闸瓦压紧在踏面上，空气制动施加。制动力的大小与气缸内空气压力相关，如图 6-4-5 所示。

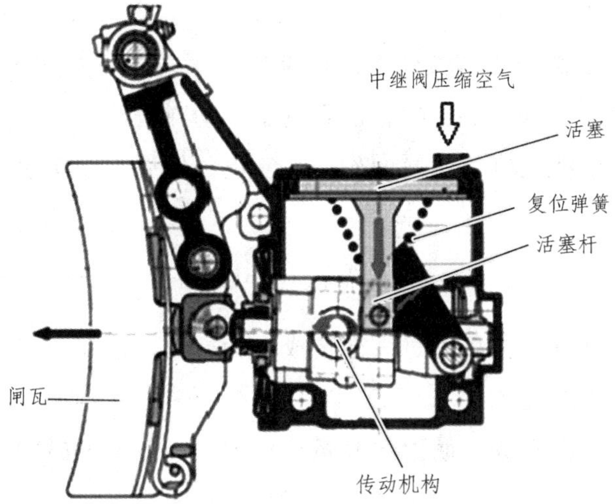

图 6-4-5　常用制动气缸结构原理

2. 空气制动缓解

常用制动气缸内的压缩空气通过中继阀排除，气缸内压力降至 80 kPa 时，活塞在复位弹簧的作用下复位，闸瓦离开踏面，空气制动缓解。

3. 停放制动施加

当按下司机室停放制动施加按钮（或脉冲阀的手动施加按钮）时，停放制动气缸内压缩空气排除，缸内压力降至 350 kPa 时，停放制动缸内被压缩的传动弹簧力推动停放制动缸活塞向下运动，通过主轴推动常用制动气缸的活塞向下运动，停放制动施加，如图 6-4-6 所示。

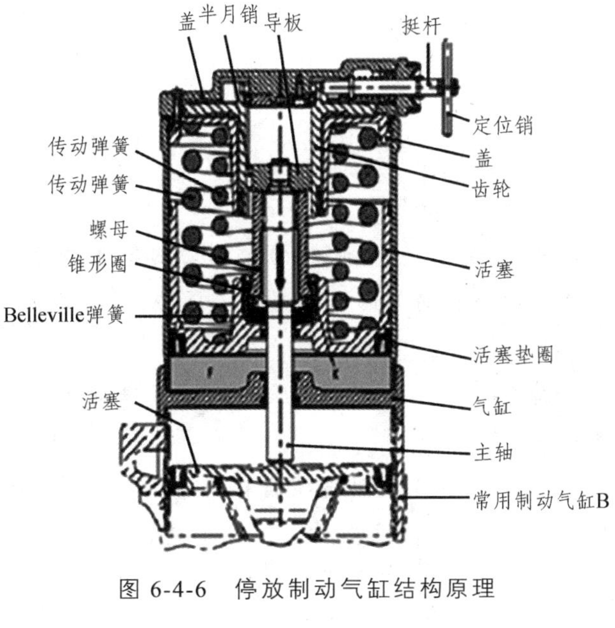

图 6-4-6　停放制动气缸结构原理

4. 停放制动缓解

当按下司机室停放制动缓解按钮（或脉冲阀的手动缓解按钮），压缩空气进入停放制动气缸，缸内压力达到 450 kPa 时，活塞克服传动弹簧的压力向上运动，带动主轴上移，常用制动气缸的活塞在复位弹簧的作用下复位，停放制动缓解。

四、防滑控制

车辆制动时，制动气缸内压力过大会造成车轮抱死，抱死的车轮在钢轨上滑行，造成车轮踏面与钢轨严重磨耗。

车轮出现滑行时，会立刻被防滑控制系统检测到，防滑电磁阀的排气通道开启，制动气缸内的压缩空气部分排除，缸内压力降低，车轮滑行消除。

项目测试题

1. 空气制动系统由（　　　　）、（　　　　）、（　　　　）、（　　　　）控制四部分组成。
2. BCM 由（　　　　）、（　　　　）单元组成。
3. 电-空制动控制单元的作用是什么？

4. 在辅助控制单元中（　　　　）控制停放制动的施加/缓解；压力开关 B01.07.1, B01.07.n 分别监测两个转向架的（　　　　）压力，压力开关 B01.07.g 监测本车（　　　　）的压力。
5. R 压力开关监测本车（　　　　）的压力，以确保列车在制动储风缸压力低于（　　　　）时能安全运行。
6. 踏面制动单元是（　　　　）制动的执行机构，负责（　　　　）制动的施加。
7. 转向架每个（　　　　）位置均装有一套踏面制动单元，踏面制动单元分为（　　　　）和（　　　　）两种类型。

8. 简述空气制动施加的过程。

9. 简述空气制动缓解的过程。

10. 什么是车轮滑行？车轮滑行有什么危害？

11. 防滑系统是如何工作的？

项目五　空气悬挂系统

知识点提示

（1）空气悬挂系统的组成。

（2）设备功能。

地铁车辆转向架二系悬挂中的空气弹簧在列车运行时需要压缩空气，空气弹簧所需的压缩空气由空气悬挂系统提供。

一、空气悬挂系统的组成部件

空气悬挂系统的组成部件如图 6-5-1 和表 6-5-1 所示。

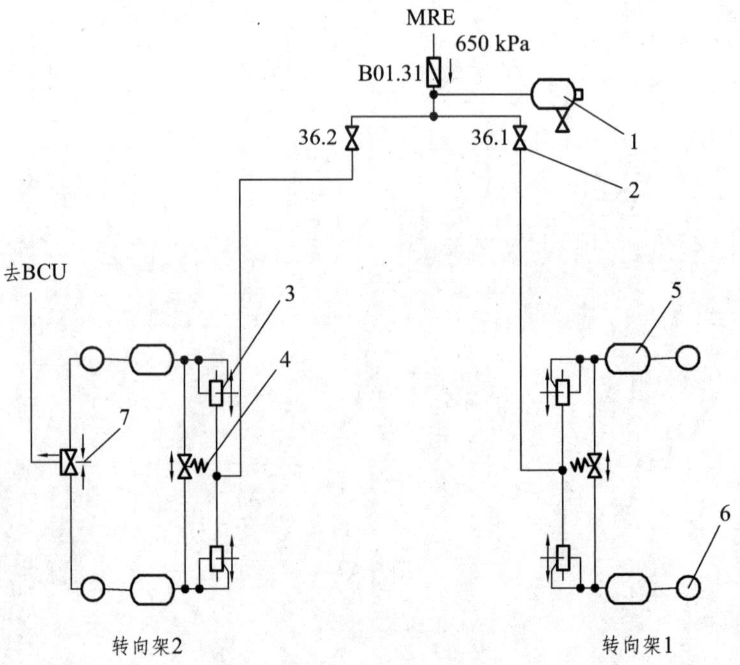

图 6-5-1　空气悬挂系统组成部件

表 6-5-1　空气悬挂系统组成部件

序号	设备名称	序号	设备名称
1	空气弹簧储风缸	5	空气弹簧辅助风缸
2	截断塞门	6	空气弹簧气囊
3	高度控制阀	7	压力传感器
4	差压阀		

二、部件功能说明

1. 空气弹簧储风缸

空气弹簧储风缸用于储存压缩空气，容积 100 L。主风管（MRE）风压高于 650 kPa 时，压缩空气经溢流阀（B01.31）进入空气弹簧储风缸。

2. 截断塞门

截断塞门 36.1 是转向架 1 空气悬挂系统的供风开关，正常开启，悬挂系统故障时关闭。

截断塞门 36.2 是转向架 2 空气悬挂系统的供风开关，正常开启，悬挂系统故障时关闭。

3. 高度控制阀

高度控制阀用于控制空气弹簧辅助风缸（空气弹簧胶囊）的进气和排气，调节车体的高度。

4. 差压阀

差压阀用于同一转向架上的两个气囊通过差压阀相连，其作用是保持两个空气弹簧的压力平衡。

5. 空气弹簧辅助风缸

每个转向架有两个 75 L 的空气弹簧辅助风缸，空气弹簧胶囊直接与辅助风缸相连，相当于增加了空气弹簧胶囊的容积，能减少车体高度变化引起的空气弹簧压力波动。

6. 空气弹簧气囊

空气弹簧气囊用于支撑车体的质量、缓冲、减振。

7. 压力传感器

压力传感器用于将乘客载荷信息传送给 BCU 的限压阀。

项目测试题

1. 在图 6-5-1 上标出空气悬挂系统设备的名称。
2. 空气弹簧储风缸的作用是（　　　　）。
3. 截断塞门 36.1 的作用是转向架 1 空气悬挂系统的（　　　　　　）开关，正常（　　　　　　），悬挂系统（　　　　　　）时关闭。
4. 高度控制阀的作用是控制（　　　　）辅助风缸的（　　　　）和（　　　　），调节车体的（　　　　）。
5. 差压阀的作用是（　　　　）同一个转向架上的两个气囊，保持两个空气弹簧的（　　　　）平衡。
6. 压力传感器的作用是将（　　　　）信息传送给 BCU 的（　　　　）。

参考文献

[1] 广州市地下铁道总公司. 车辆检修工[M]. 北京：中国劳动社会保障出版社，2009.

[2] 刘柱军. 城市轨道交通车辆构造[M]. 北京：人民交通出版社，2013.

[3] 殳企平. 城市轨道交通车辆制动技术[M]. 北京：中国水利水电出版社，2009.

[4] KNT-CGM01 城市轨道交通车辆车门系统实训装置使用说明书[Z]. 南京康尼，2014.

[5] 余鹏程，曾颖伟. 城市轨道交通车辆构造[M]. 广州：广东高等教育出版社，2011.

附　录

附录一　专业术语解释

英文缩写	专业术语
3D	三维
A/C	空调
AC	交流电
ACM	辅助逆变器模块
ACU	空调控制单元
A/D	模-数转换
AF	音频
AGC	自动增益控制
APM	应用管理器
AR	自动折返
ATC	列车自动控制
ATC-Display	司机台显示器，属于信号系统
ATO	列车自动运行
ATP	列车自动保护
ATS	列车自动监视
AX	模拟式输入输出模块
AUX	辅助逆变器（直流/交流）
AW（0、1、2、3）	列车载重
BATT	电池：列车主蓄电池
BCU	制动控制系统（空气系统）
BCP	制动缸管
BCT	总线耦合器
BCM	制动控制模块或蓄电池充电器模块

续表

英文缩写	专业术语
BOM	材料清单
BR	制动电阻器
C-C	司机室到司机室
C pressure	制动缸压力
COMC	通信控制器
Cab	司机室
CACU	司机室音频控制单元
CAD	计算机辅助设计
CBRC	长春庞巴迪轨道车辆股份有限公司
CCU	中央控制单元
CDR	光驱（CD-ROM）
CED	合同生效日
CEV	碳等效值
CPU	中央处理单元
CTS	时间表起始日
CVCC	恒定电压/恒定电流
DACU	司机台音频控制单元
DDIO	司机台输入/输出
D/A	数-模转换
DC/AC	直流/交流变换
DC/DC	直流/直流变换
DBAG	德国铁路（Deutsche Bahn AG）
DC	直流
DCU	驱动控制单元
DCU/A	辅助控制单元
DCU/M	牵引控制单元
DIAS	数字式广播装置
DIN	德国工业标准（Deutsche Industrie Norm）
DLC	设计联络会
DLS	车门锁闭行程开关
DCS	车门关闭行程开关
DRAM	动态随机存取存储器

续表

英文缩写	专业术语
DMD	动态地图显示屏
DSP	数字信号处理
DX	数字式输入输出模块
DMC	驱动电机控制器
DRC	设计审查会（第一次/第二次）
DSR	直接转矩控制，同 DTC
DT	驾驶拖车
DTC	直接转矩控制
DTRO	无人驾驶列车折返运行
DVA	数字声音广播
EBCU（ECU）	电制动控制单元
ED	电制动
EED	紧急开门装置
EEDS	紧急开门行程开关
Emergency brake	紧急制动
EDCU	车门电子控制单元
EMC	电磁兼容性
EMI	电磁干扰
EP	电空（制动）
EPROM	可擦除可编程的只读存储器
ESD	静电释放
FAC	最终验收证书
FAI	首件检查
FB	快速制动
FEA	有限元分析
FIFO	先入先出：特殊存储器结构
FPI	工厂生产检查
FRP	纤维增强塑料
FRT	首列车运行试验
FSK	频移键控（数据传送的方法）
FTI	首列车检查
FTO	首列车试运行

续表

英文缩写	专业术语
FW	固件-处理器控制设备的软件形式
GDU	门驱动单元
GLR	随噪声音量控制
GMAO	计算机辅助维护管理系统
GRP	玻璃钢
GW	网关
HB	保压制动
HQA	自适应（高品质）宽带编码
HSCB	高速断路器
HV	高压
I/O	输入/输出
IDD	国际直播
IEC	国际电工委员会
IDU	综合显示单元
IGBT	绝缘门双极晶体管
INT	综合试验
INV	静止逆变器（辅助逆变器）
IPM	智能功率模块
IUA	到货检查
LOS	车门切除行程开关
LAHT	低合金高抗拉伸
LCD	液晶显示
LED	发光二极管
LEM	传感器制造商
LF	线路滤波器
LRU	在线可更换单元
LV	低压
LRV	轻轨车辆
LVPS	低压电源
Max TTR	最大修复时间是允许的完成维护的最长时间
MC	主控器（动车）
MCB	微型断路器

续表

英文缩写	专业术语
MCM	牵引逆变器模块
Metro Display	司机台显示器，属于列车控制系统
MITRAC	列车计算机网络标志
MMI	人机界面：司机台显示器
MRE	主风缸（主风管）
MRU	最小可更换单元
MSDOS	微软磁盘操作系统
MTBF	平均无故障时间
MTBFS	正常运营功能服务平均时间
MTTR	平均维修时间
MVB	多功能列车总线
NTC	负温度系数
OCC	运营控制中心
OCI	开箱检查
OS	操作系统
OPTOMVB	采用光电隔离的多功能列车总线
PA	公共广播
PA BOX	牵引和辅助逆变器箱
PAC	预验收证书
PALS	广播音量监控
PB	停放制动
PC	个人计算机
PCB	印刷电路板
PECU	乘客紧急通话单元
PDA	处理数据记录
PH BOX	牵引逆变器和高压设备箱
PIS	乘客信息系统
PISC	乘客信息系统控制器
PROM	可编程只读存储器
PSI	发货前的检验
PTFE	聚四氟乙烯
PTI	正面列车识别

续表

英文缩写	专业术语
PTT	即按即讲
PTU	便携式试验单元
PVC	聚氯乙烯
PWM	脉冲宽度调制
RAM	随机存取存储器
RF	射频
RS232	异步串行总线
RS485	异步串行总线
RM	人工限制（模式）
RMS	均方根
RST	机车车辆
SACU	客室控制单元
Service brake	常用制动
SD	客室显示
SM	监控人工（模式）
SMD	表面安装设备
SOALAS	声音运行自动级别调整系统
SRU	车间替换单元
TC	拖车
TCC	列车通信和控制
TDS	列车诊断系统
TMS-MMI	车辆司机台显示屏
TRAFO MVB	采用变压器隔离方式的多功能列车总线
T/L	列车线
TCC	列车通信和控制
TCN	列车计算机网络
TCS	列车计算机系统
TCU	列车控制单元
TDS	列车诊断系统
TFT	薄膜晶体管
THD	整体谐波畸变
TIS	列车信息系统

续表

英文缩写	专业术语
TMS	列车管理系统
TOF	地板上平面
TOR	轨道上平面
TSC	车况等级
TT	直达列车
UIC	国际铁路联盟（Union Internationale des Chemins de fer）
UK	英国
URM	非限制（模式）
VCU	车辆控制单元
VR	虚拟现实
VTCU	车辆及列车控制单元
VCUA	列车控制单元应用部分
VCUT（VCU）	列车控制单元故障诊断部分
VVVF	调频调压
WDS	综合图文显示屏
WEL Whiteley	电子有限公司
WELNET Whiteley	电子所拥有的数据网络系统
WSP	防滑保护
WTB	硬线连接列车总线